2024国家统一法律职业资格考试

法考

必刷题

随时 ~ 随地 ~ 随身练　　❸ 行政法

拓朴法考　编著

中国法制出版社
CHINA LEGAL PUBLISHING HOUSE

目 录

专题一　行政法概述 …………………………………………………（ 1 ）
专题二　行政主体 ……………………………………………………（ 4 ）
专题三　公务员 ………………………………………………………（ 8 ）
专题四　抽象行政行为 ………………………………………………（ 13 ）
专题五　具体行政行为概述 …………………………………………（ 17 ）
专题六　行政许可 ……………………………………………………（ 21 ）
专题七　行政处罚 ……………………………………………………（ 28 ）
专题八　行政强制 ……………………………………………………（ 34 ）
专题九　其他行政行为 ………………………………………………（ 41 ）
专题十　政府信息公开 ………………………………………………（ 44 ）
专题十一　行政复议 …………………………………………………（ 48 ）
专题十二　行政诉讼概述 ……………………………………………（ 55 ）
专题十三　行政诉讼的受案范围 ……………………………………（ 57 ）
专题十四　行政诉讼的管辖 …………………………………………（ 60 ）
专题十五　行政诉讼参加人 …………………………………………（ 63 ）
专题十六　行政诉讼程序 ……………………………………………（ 69 ）
专题十七　行政诉讼证据 ……………………………………………（ 73 ）
专题十八　行政诉讼的法律适用 ……………………………………（ 78 ）
专题十九　行政案件审理中的特殊制度 ……………………………（ 79 ）
专题二十　行政诉讼的裁判与执行 …………………………………（ 82 ）
专题二十一　国家赔偿概述 …………………………………………（ 86 ）
专题二十二　行政赔偿 ………………………………………………（ 87 ）
专题二十三　司法赔偿 ………………………………………………（ 88 ）
专题二十四　国家赔偿方式、标准和费用 …………………………（ 95 ）

刷题表	时 间	题号	一刷	二刷	题号	一刷	二刷	题号	一刷	二刷	题号	一刷	二刷
		1	B										

行 政 法

扫一扫，"码"上做题

微信扫码，即可线上做题、看解析。
多种做题模式：章节自测、单科集训、随机演练等。

专题　行政法概述

考点1　行政法的基本原则

1. 2022 回忆/单

在不使用行政强制措施也能实现行政管理目的的情况下，应当放弃实施行政强制措施。该说法体现了哪一项行政法原则的要求？①

A. 公平公正原则

B. 比例原则

C. 考虑相关因素原则

D. 行政效率原则

2. 2021 回忆/多

某县政府印发《招商引资意见》，允许招商成功后按照实际到位资金的1%给予引介人奖励金。李某介绍甲公司与县招商局签订投资协议，投资1亿元建设垃圾焚烧厂并运营至今。经李某多次催促，县政府支付李某10万元后，拒绝支付剩余奖励金，李某不服，提起行政诉讼。下列哪些说法是正确的？②

A.《招商引资意见》属于具体行政行为

B. 李某获得的 10 万元奖励金可免缴个人所得税

C. 县政府拒绝支付剩余奖励金的行为违反了信赖保护原则

D. 投资协议履行过程中发生争议的，甲公司可以提起行政诉讼

① B　② CD

刷题表	时 间	题号	一刷	二刷	题号	一刷	二刷	题号	一刷	二刷	题号	一刷	二刷

3. 2019回忆/单

马某购买了某市幸福小区的一套商品房,并获得了房屋所有权证。后来,因修建高铁,该小区被拆迁,市政府依法及时向马某支付了补偿金。这体现了下面哪项行政法原则?①

A. 高效便民　　　　　　　　B. 程序正当

C. 诚实守信　　　　　　　　D. 权责一致

4. 2013/2/76/多②

合法行政是行政法的重要原则。下列哪些做法违反了合法行政要求?③

A. 某规章规定行政机关对行政许可事项进行监督时,不得妨碍被许可人正常的生产经营活动

B. 行政机关要求行政处罚听证申请人承担组织听证的费用

C. 行政机关将行政强制措施权委托给另一行政机关行使

D. 行政机关对行政许可事项进行监督时发现直接关系公共安全、人身健康的重要设备存在安全隐患,责令停止使用和立即改正

5. 2012/2/78/多

合理行政是依法行政的基本要求之一。下列哪些做法体现了合理行政的要求?④

A. 行政机关在作出重要决定时充分听取公众的意见

B. 行政机关要平等对待行政管理相对人

C. 行政机关行使裁量权所采取的措施符合法律目的

D. 非因法定事由并经法定程序,行政机关不得撤销已生效的行政决定

6. 2011/2/78/多

依法行政是法治国家对政府行政活动提出的基本要求,而合法行政则是依法行政的根本。下列哪些做法违反合法行政的要求?⑤

A. 因蔬菜价格上涨销路看好,某镇政府要求村民拔掉麦子改种蔬菜

B. 为解决残疾人就业难,某市政府发布《促进残疾人就业指导意见》,对录用残疾人达一定数量的企业予以奖励

C. 孙某受他人胁迫而殴打他人致轻微伤,某公安局决定对孙某从轻处罚

---

① C　② 指2013年/试卷二/第76题/多选——编者注　③ BC　④ BC　⑤ ACD

D. 某市政府发布文件规定,外地物流公司到本地运输货物,应事前得到当地交通管理部门的准许,并缴纳道路特别通行费

7. 2013/2/78/多

某县政府发布通知,对直接介绍外地企业到本县投资的单位和个人按照投资项目实际到位资金金额的千分之一奖励。经张某引荐,某外地企业到该县投资 500 万元,但县政府拒绝支付奖励金。县政府的行为不违反下列哪些原则或要求?①

A. 比例原则
B. 行政公开
C. 程序正当
D. 权责一致

8. 2012/2/76/多

执法为民是社会主义法治的本质要求,行政机关和公务员在行政执法中应当自觉践行。下列哪些做法直接体现了执法为民理念?②

A. 行政机关将行政许可申请书格式文本的费用由 2 元降为 1 元
B. 行政机关安排工作人员主动为前来办事的人员提供咨询
C. 工商局③要求所属机构提高办事效率,将原 20 工作日办结事项减至 15 工作日办结
D. 某区设立办事大厅,要求相关执法部门进驻并设立办事窗口

9. 2012/2/77/多

程序正当是行政法的基本原则。下列哪些选项是程序正当要求的体现?④

A. 实施行政管理活动,注意听取公民、法人或其他组织的意见
B. 对因违法行政给当事人造成的损失主动进行赔偿
C. 严格在法律授权的范围内实施行政管理活动
D. 行政执法中要求与其管理事项有利害关系的公务员回避

10. 2014/2/76/多

高效便民是行政管理的基本要求,是服务型政府的具体体现。下

---

① ABCD ② BCD ③ 2018 年和 2023 年国家机构改革后部分国家机构名称有所调整,只要对试题的理解和作答没有影响的,本书均原汁原味地予以保留;有影响的,本书根据现行机构名称予以调整 ④ AD

列哪些选项体现了这一要求?①

A. 简化行政机关内部办理行政许可流程
B. 非因法定事由并经法定程序,行政机关不得撤回和变更已生效的行政许可
C. 对办理行政许可的当事人提出的问题给予及时、耐心的答复
D. 对违法实施行政许可给当事人造成侵害的执法人员予以责任追究

11． 2014/2/78/多

廖某在某镇沿街路边搭建小棚经营杂货,县建设局下发限期拆除通知后强制拆除,并对廖某作出罚款 2 万元的处罚。廖某起诉,法院审理认为廖某所建小棚未占用主干道,其违法行为没有严重到既需要拆除又需要实施顶格处罚的程度,判决将罚款改为 1000 元。法院判决适用了下列哪些原则?②

A. 行政公开　　　　　B. 比例原则
C. 合理行政　　　　　D. 诚实守信

12． 2014/2/77/多

程序正当是当代行政法的基本原则,遵守程序是行政行为合法的要求之一。下列哪些做法违背了这一要求?③

A. 某环保局对当事人的处罚听证,由本案的调查人员担任听证主持人
B. 某县政府自行决定征收基本农田 35 公顷
C. 某公安局拟给予甲拘留 10 日的治安处罚,告知其可以申请听证
D. 乙违反治安管理的事实清楚,某公安派出所当场对其作出罚款 500 元的处罚决定

专题二　行政主体

考点2 国务院行政机构的设置与编制管理

13． 2021 回忆/单

国务院扶贫开发领导小组是国务院的议事协调机构。为了建立防止返贫的长效机制,保证脱贫成效持续稳定发展。2021 年 2 月,在国务院

---

① AC　② BC　③ AD

扶贫开发领导小组办公室的基础上组建国务院的直属机构国家乡村振兴局。下列哪一选项是正确的？①

A. 国务院扶贫开发领导小组有独立的人员编制
B. 国务院扶贫开发领导小组主管特定业务，行使行政管理职能
C. 国家乡村振兴局的设立由国务院决定
D. 国家乡村振兴局无权制定规章

14. 2013/2/44/单 改编

国家能源局为国务院组成部门管理的国家局。关于国家能源局，下列哪一说法是正确的？②

A. 有权制定规章
B. 主管国务院的某项专门业务，具有独立的行政管理职能
C. 该局的设立由国务院编制管理机关提出方案，报国务院决定
D. 该局增设司级内设机构，由国务院编制管理机关审核批准

15. 2011/2/40/单

国家禁毒委员会为国务院议事协调机构。关于该机构，下列哪一说法是正确的？③

A. 撤销由国务院机构编制管理机关决定
B. 可以规定行政措施
C. 议定事项经国务院同意，由有关的行政机构按各自的职责负责办理
D. 可以设立司、处两级内设机构

16. 2010/2/40/单

国务院某部拟合并处级内设机构。关于机构合并，下列哪一说法是正确的？④

A. 该部决定，报国务院机构编制管理机关备案
B. 该部提出方案，报国务院机构编制管理机关批准
C. 国务院机构编制管理机关决定，报国务院备案
D. 国务院机构编制管理机关提出方案，报国务院决定

① C ② C ③ C ④ A

| 刷题表 | 时　间 | 题号 | 一刷 | 二刷 | 题号 | 一刷 | 二刷 | 题号 | 一刷 | 二刷 | 题号 | 一刷 | 二刷 |

17. 2014/2/43/单

国家税务总局为国务院直属机构。就其设置及编制,下列哪一说法是正确的?①

A. 设立由全国人大及其常委会最终决定
B. 合并由国务院最终决定
C. 编制的增加由国务院机构编制管理机关最终决定
D. 依法履行国务院基本的行政管理职能

18. 2017/2/43/单

关于国务院行政机构设置和编制管理的说法,下列哪一选项是正确的?②

A. 国务院议事协调机构的撤销经由国务院常务会议讨论通过后,由国务院总理提交国务院全体会议讨论决定
B. 国务院行政机构增设司级内设机构,由国务院机构编制管理机关提出方案,报国务院决定
C. 国务院议事协调机构的编制根据工作需要单独确定
D. 国务院行政机构的编制在国务院行政机构设立时确定

考点3 地方行政机构的设置与编制管理

19. 2019 回忆/单

甲省乙市人民政府拟将本市的自然资源管理局与国土资源局合并,应当报哪个机关予以批准?③

A. 国务院
B. 甲省人民政府
C. 乙市人大常委会
D. 甲省人大常委会

20. 2012/2/44/单

根据行政法规规定,县级以上地方各级政府机构编制管理机关应当评估行政机构和编制的执行情况。关于此评估,下列哪一说法是正确的?④

A. 评估应当定期进行

① B　② D　③ B　④ A

B. 评估具体办法由国务院制定

C. 评估结果是调整机构编制的直接依据

D. 评估同样适用于国务院行政机构和编制的调整

21． 2016/2/43/单

根据规定,地方的事业单位机构和编制管理办法由省、自治区、直辖市人民政府机构编制管理机关拟定,报国务院机构编制管理机关审核后,由下列哪一机关发布？①

A. 国务院

B. 省、自治区、直辖市人民政府

C. 国务院机构编制管理机关

D. 省、自治区、直辖市人民政府机构编制管理机关

22． 2011/2/98/任

甲市为乙省政府所在地的市。关于甲市政府行政机构设置和编制管理,下列说法正确的是：②

A. 在一届政府任期内,甲市政府的工作部门应保持相对稳定

B. 乙省机构编制管理机关与甲市机构编制管理机关为上下级领导关系

C. 甲市政府的行政编制总额,由甲市政府提出,报乙省政府批准

D. 甲市政府根据调整职责的需要,可以在行政编制总额内调整市政府有关部门的行政编制

23． 2009/2/50/单

关于地方政府机构设置和编制管理,下列哪一选项是正确的？③

A. 政府机构编制管理机关实行省以下垂直管理体制

B. 地方政府在设置机构时应当充分考虑财政的供养能力

C. 县级以上政府的行政机构可以要求下级政府设立与其业务对口的行政机构

D. 地方事业单位机构设置和编制管理办法,由国务院机构编制管理机关审核发布

---

① B ② AD ③ B

· 7 ·

| 刷题表 | 时　间 | 题号 | 一刷 | 二刷 | 题号 | 一刷 | 二刷 | 题号 | 一刷 | 二刷 | 题号 | 一刷 | 二刷 |

24． 2015/2/45/单

甲市某县环保局与水利局对职责划分有异议,双方协商无法达成一致意见。关于异议的处理,下列哪一说法是正确的?①

A. 提请双方各自上一级主管机关协商确定

B. 提请县政府机构编制管理机关决定

C. 提请县政府机构编制管理机关提出协调意见,并由该机构编制管理机关报县政府决定

D. 提请县政府提出处理方案,经甲市政府机构编制管理机关审核后报甲市政府批准

专题三　公务员

考点4 公务员处分制度

25． 2008/2/39/多

关于行政机关公务员处分的说法,下列哪些选项是错误的?②

A. 行政诉讼的生效判决撤销某行政机关所作的决定,即应给予该机关的负责人张某行政处分

B. 工商局干部李某主动交代自己的违法行为,即应减轻处分

C. 某环保局科长王某因涉嫌违纪被立案调查,即应暂停其履行职务

D. 财政局干部田某因涉嫌违纪被立案调查,即不应允许其挂职锻炼

26． 2010/2/41/单

关于国家机关公务员处分的做法或说法,下列哪一选项是正确的?③

A. 张某受记过处分期间,因表现突出被晋升一档工资

B. 孙某撤职处分被解除后,虽不能恢复原职但应恢复原级别

C. 童某受到记大过处分,处分期间为24个月

D. 田某主动交代违纪行为,主动采取措施有效避免损失,应减轻处分

27． 2008/2/98/任

某行政机关负责人孙某因同时违反财经纪律和玩忽职守被分别

---

①　C　②　ABCD(原答案为D)。原为单选题,根据新法答案有变化,调整为多选题　③　D

给予撤职和记过处分。下列说法正确的是:①

A. 应只对孙某执行撤职处分
B. 应同时降低孙某的级别
C. 对孙某的处分期为 36 个月
D. 解除对孙某的处分后,即应恢复其原职务

28． 2017/2/44/单

某县工商局科员李某因旷工被给予警告处分。关于李某的处分,下列哪一说法是正确的?②

A. 处分决定可以口头方式通知李某
B. 处分决定自作出之日起生效
C. 受处分期间为 12 个月
D. 李某在受处分期间不得晋升工资档次

考点5 公务员的其他制度

29． 2022 回忆/单

何某是某市政府公务员,因工作疏忽造成损失,市政府对其进行了诫勉。关于公务员的诫勉,下列哪一说法是正确的?③

A. 诫勉是机关对公务员的监督措施
B. 被诫勉的公务员不得交流
C. 被诫勉的公务员不得晋升职务
D. 公务员可以对诫勉行为提出申诉

30． 2022 回忆/多

陈某是某市公安局二级主任科员。关于其职级,下列哪些说法是正确的?④

A. 二级主任科员是陈某的职级
B. 若陈某符合任职资历要求,可晋升一级主任科员
C. 若陈某认为自己应晋升一级主任科员而未获得晋升,可以依法提出申诉
D. 对陈某应采用定期考核,以年度考核的方式进行

① AB ② B ③ A ④ AD

31. 2020回忆/单

根据《公务员法》规定,聘任制公务员按照国家规定实行协议工资制,关于协议工资制的具体办法,由哪一部门制定?①

A. 中央公务员主管部门

B. 省级以上人力资源和社会保障主管部门

C. 省级以上公务员主管部门

D. 国务院人力资源和社会保障主管部门

32. 2019回忆/单

关于公务员的下列说法,哪一选项是错误的?②

A. 国家公务员实行职务和职级并行

B. 公务员的领导职务、职级与级别是确定公务员工资以及其他待遇的依据

C. 公务员职级可以采用委任制和聘任制

D. 只能在县处级以下设立职级

33. 2018回忆/单

县安监局局长赵某在本县发生的煤矿事故中处置失职,造成重大损失,引咎辞去领导职务。关于引咎辞职,以下哪一说法是正确的?③

A. 赵某失去公务员身份

B. 属于对赵某的行政处分

C. 属于对赵某的行政问责

D. 是对赵某行政处分的必经程序

34. 2012/2/43/单

关于公务员录用的做法,下列哪一选项是正确的?④

A. 县公安局经市公安局批准,简化程序录用一名特殊职位的公务员

B. 区财政局录用一名曾被开除过公职但业务和能力优秀的人为公务员

C. 市环保局以新录用的公务员李某试用期满不合格为由,决定取消录用

D. 国务院卫生行政部门规定公务员录用体检项目和标准,报中央公务员主管部门备案

① A ② D ③ C ④ C

35. 2010/2/98/任

关于聘任制公务员,下列做法正确的是:①
A. 某县保密局聘任两名负责保密工作的计算机程序员
B. 某县财政局与所聘任的一名精算师实行协议工资制
C. 某市林业局聘任公务员的合同期限为 10 年
D. 某县公安局聘任网络管理员的合同需经上级公安机关批准

36. 2009/2/42/多

下列哪些做法不属于公务员交流制度?②
A. 沈某系某高校副校长,调入国务院某部任副司长
B. 刘某系某高校行政人员,被聘为某区法院书记员
C. 吴某系某国有企业经理,调入市国有资产管理委员会任处长
D. 郑某系某部人事司副处长,到某市挂职担任市委组织部副部长

37. 2016/2/76/多

财政局干部李某在机关外兼职。关于李某兼职,下列哪些说法是正确的?③
A. 为发挥个人专长可在外兼职
B. 兼职应经有关机关批准
C. 不得领取兼职报酬
D. 兼职情况应向社会公示

38. 2013/2/79/多

孙某为某行政机关的聘任制公务员,双方签订聘任合同。下列哪些说法是正确的?④
A. 对孙某的聘任须按照公务员考试录用程序进行公开招聘
B. 该机关应按照《公务员法》和聘任合同对孙某进行管理
C. 对孙某的工资可以按照国家规定实行协议工资
D. 如孙某与该机关因履行聘任合同发生争议,可以向人事争议仲裁委员会申请仲裁

---

① B ② BD(原答案为B)。原为单选题,根据新法答案有变化,调整为多选题 ③ BC
④ BCD

39. 2014/2/44/单

王某经过考试成为某县财政局新录用的公务员,但因试用期满不合格被取消录用。下列哪一说法是正确的?①

A. 对王某的试用期限,由某县财政局确定
B. 对王某的取消录用,应当适用辞退公务员的规定
C. 王某不服取消录用向法院提起行政诉讼的,法院应当不予受理
D. 对王某的取消录用,在性质上属于对王某的不予录用

40. 2015/2/76/多

关于公务员的辞职和辞退,下列哪些说法是正确的?②

A. 重要公务尚未处理完毕的公务员,不得辞去公职
B. 领导成员对重大事故负有领导责任的,应引咎辞去公职
C. 对患病且在规定的医疗期内的公务员,不得辞退
D. 被辞退的公务员,可根据国家有关规定享受失业保险

41. 2017/2/76/多

根据《公务员法》规定,经省级以上公务员主管部门批准,机关根据工作需要可以对下列哪些职位实行聘任制?③

A. 涉及国家秘密的职位
B. 专业性较强的职位
C. 辅助性职位
D. 机关急需的职位

42. 2007/2/85/多

下列哪些情形违反《公务员法》有关回避的规定?④

A. 张某担任家乡所在县的县长
B. 刘某是工商局局长,其侄担任工商局人事处科员
C. 王某是税务局工作人员,参加调查一企业涉嫌偷漏税款案,其妻之弟任该企业的总经理助理
D. 李某是公安局局长,其妻在公安局所属派出所担任户籍警察

① C ② CD ③ BC ④ ABC

刷题表	时 间	题号	一刷	二刷	题号	一刷	二刷	题号	一刷	二刷	题号	一刷	二刷

专题四 抽象行政行为

考点6 行政法规

43． 2021 回忆/单

为促进某市自由贸易试验区的发展,有关机关决定在该市暂时停止实施行政法规《国际海运运输条例》的部分规定。该决定应由下列哪一主体作出?①

A. 某市人民政府
B. 某市人民代表大会
C. 全国人大常委会
D. 国务院

44． 2008/2/41/单 新法改编

关于行政法规制定程序的说法,下列哪一选项是正确的?②

A. 行政法规的制定程序包括起草、审查、决定和公布,立项不属于行政法规制定程序
B. 几个部门共同起草的行政法规送审稿报送国务院,应当由牵头部门主要负责人签署
C. 对重要的行政法规送审稿,国务院法制机构经国务院同意后向社会公布
D. 行政法规应当在公布后 30 日内由国务院办公厅报全国人大常委会备案

45． 2016/2/100/任

行政法规条文本身需进一步明确界限或作出补充规定的,应对行政法规进行解释。关于行政法规的解释,下列说法正确的是:③

A. 解释权属于国务院
B. 解释行政法规的程序,适用行政法规制定程序
C. 解释可由国务院授权国务院有关部门公布
D. 行政法规的解释与行政法规具有同等效力

46． 2011/2/85/多

国务院法制机构在审查起草部门报送的行政法规送审稿时认为,

---

① D　② D(原答案为C)　③ ACD

该送审稿规定的主要制度存在较大争议,且未与有关部门协商。对此,可以采取下列哪些处理措施?①

A. 缓办
B. 移交其他部门起草
C. 退回起草部门
D. 向社会公布,公开征求意见

47. 2010/2/42/单

关于行政法规的决定与公布,下列哪一说法是正确的?②
A. 行政法规均应由国务院常务会议审议通过
B. 行政法规草案在国务院常务会议审议时,可由起草部门作说明
C. 行政法规草案经国务院审议报国务院总理签署前,不得再作修改
D. 行政法规公布后由国务院法制机构报全国人大常委会备案

48. 2014/2/46/单

《计算机信息网络国际联网安全保护管理办法》于1997年12月11日经国务院批准,由公安部于1997年12月30日以公安部部令发布。该办法属于哪一性质的规范?③

A. 行政法规
B. 国务院的决定
C. 规章
D. 一般规范性文件

49. 2017/2/45/单

关于行政法规的立项,下列哪一说法是正确的?④
A. 省政府认为需要制定行政法规的,可于每年年初编制国务院年度立法工作计划前向国务院报请立项
B. 国务院法制机构根据有关部门报送的立项申请汇总研究,确定国务院年度立法工作计划
C. 列入国务院年度立法工作计划的行政法规项目应适应改革、发展、稳定的需要
D. 国务院年度立法工作计划一旦确定不得调整

---

① AC ② B ③ A ④ C

| 刷题表 | 时 间 | 题号 | 一刷 | 二刷 | 题号 | 一刷 | 二刷 | 题号 | 一刷 | 二刷 | 题号 | 一刷 | 二刷 |

50． 2007/2/46/单

关于行政法规,下列哪一选项是正确的?①

A. 行政法规可以设定行政拘留处罚

B. 行政法规对法律设定的行政许可作出具体规定时可以增设行政许可

C. 行政法规的决定程序依照国务院组织法的有关规定办理

D. 行政法规之间对同一事项的新的一般规定与旧的特别规定不一致,不能确定如何适用时,由国务院法制机构裁决

考点7 行政规章

51． 2021 回忆/单

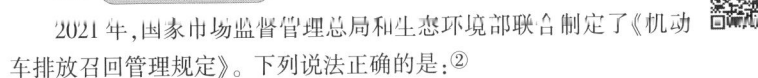

2021 年,国家市场监督管理总局和生态环境部联合制定了《机动车排放召回管理规定》。下列说法正确的是:②

A. 该规定属于行政法规

B. 该规定的解释主体是国家市场监督管理总局

C. 公民个人认为该规章同法律抵触的,可以向国务院书面提出审查建议

D. 国家市场监督管理总局依据上述规定,责令某企业召回已上市销售的不符合排放标准的机动车,该行为属于行政处罚

52． 2020 回忆/多

甲省乙市政府制定规则《城市生活垃圾分类管理办法》,对违反垃圾分类投放规则的单位和个人作出了罚款规定。关于该办法,下列说法是正确的?③

A. 符合地方政府规章立法事项范围

B. 公布后应在中国政府法制信息网刊载

C. 应当报甲省政府备案,不需要报国务院备案

D. 设定的罚款不能超出该省人大常委会对政府规章规定的罚款限额

53． 2010/2/80/多

某企业认为,甲省政府所在地的市政府制定的规章同某一行政法规相抵触,可以向下列哪些机关书面提出审查建议?④

① C ② C ③ ABD ④ AC

· 15 ·

| 刷题表 | 时　间 | 题号 | 一刷 | 二刷 | 题号 | 一刷 | 二刷 | 题号 | 一刷 | 二刷 | 题号 | 一刷 | 二刷 |

A. 国务院　　　　　　　　B. 国务院法制机构
C. 甲省政府　　　　　　　D. 全国人大常委会

54. 2016/2/77/多

某省会城市的市政府拟制定限制电动自行车通行的规章。关于此规章的制定,下列哪些说法是正确的?①

A. 应先列入市政府年度规章制定工作计划中,未列入不得制定
B. 起草该规章应广泛听取有关机关、组织和公民的意见
C. 此规章送审稿的说明应对制定规章的必要性、规定的主要措施和有关方面的意见等情况作出说明
D. 市政府法制机构认为制定此规章基本条件尚不成熟,可将规章送审稿退回起草单位

55. 2014/2/97/任

有关规章的决定和公布,下列说法正确的是:②
A. 审议规章草案时须由起草单位作说明
B. 地方政府规章须经政府全体会议决定
C. 部门联合规章须由联合制定的部门首长共同署名公布,使用主办机关的命令序号
D. 规章公布后须及时在全国范围内发行的有关报纸上刊登

56. 2009/2/39/单

下列哪一选项符合规章制定的要求?③
A. 某省政府所在地的市政府将其制定的规章定名为"条例"
B. 某省政府在规章公布后60日向省人大常委会备案
C. 基于简化行政管理手续考虑,对涉及国务院甲乙两部委职权范围的事项,甲部单独制定规章加以规范
D. 某省政府制定的规章既规定行政机关必要的职权,又规定行使该职权应承担的责任

57. 2017/2/77/多

关于规章的起草和审查,下列哪些说法是正确的?④

---

① BCD　② C　③ D　④ BC

刷题表	时间	题号	一刷	二刷	题号	一刷	二刷	题号	一刷	二刷	题号	一刷	二刷

A. 起草规章可邀请专家参加,但不能委托专家起草

B. 起草单位就规章起草举行听证会,应制作笔录,如实记录发言人的主要观点和理由

C. 起草规章应广泛听取有关机关、组织和公民的意见

D. 如制定规章的基本条件不成熟,法制机构应将规章送审稿退回起草单位

专题五 具体行政行为概述

考点8 具体行政行为的概念与判断

58. 2021 回忆/多

下列哪些行为属于具体行政行为?①

A. 市场监督管理局发文要求某电商平台合法合规经营

B. 防汛指挥部发布大雨蓝色预警,请市民出行注意安全

C. 中国证监会对某公司负责人采取终身禁入证券市场措施

D. 某省证监局向某证券公司出具警示函,指出其执业过程中存在的问题并责令采取整改措施

59. 2020 回忆/多

某市政建设管理部门依法授予甲公司城市管道燃气独占专营权。在甲公司经营权与营业权存续期间,该市政建设管理部门确定了城市管道燃气项目招标方案,并举行招标,乙公司中标。对招标行为,甲公司向法院提起诉讼。下列哪些说法是正确的?②

A. 授予甲公司城市管道燃气独占专营权的行为属于民事行为

B. 授予甲公司城市管道燃气独占专营权的行为属于行政许可

C. 如果法院受理此案,乙公司为第三人

D. 市政建设管理部门的行为,违背了信赖利益保护原则

60. 2019 回忆/单

某区政府发布公告,要求阳光小区居民与区政府协商拆迁安置补偿款事宜,根据补偿标准签订安置补偿协议,并于 90 日内搬离。关于公告的

① CD ② BCD

刷题表	时 间	题号	一刷	二刷	题号	一刷	二刷	题号	一刷	二刷	题号	一刷	二刷

法律性质,下列哪一选项是正确的?①

A. 行政协议 　　　　　　　B. 行政指导
C. 单方行政行为 　　　　　D. 行政强制

61. 2010/2/46/单

某区城管局以甲摆摊卖"麻辣烫"影响环境为由,将其从事经营的小推车等物品扣押。在实施扣押过程中,城管执法人员李某将甲打伤。对此,下列哪一说法是正确的?②

A. 扣押甲物品的行为,属于行政强制执行措施
B. 李某殴打甲的行为,属于事实行为
C. 因甲被打伤,扣押甲物品的行为违法
D. 甲被打伤的损失,应由李某个人赔偿

62. 2009/2/41/单

经甲公司申请,市建设局给其颁发建设工程规划许可证。后该局在复核中发现甲公司在申请时报送的企业法人营业执照已经超过有效期,遂依据《行政许可法》规定,撤销该公司的规划许可证,并予以注销。甲公司不服,向法院提起诉讼。市建设局撤销甲公司规划许可证的行为属于下列哪一类别?③

A. 行政处罚
B. 行政强制措施
C. 行政行为的撤销
D. 行政检查

63. 2016/2/44/单

为落实淘汰落后产能政策,某区政府发布通告:凡在本通告附件所列名单中的企业两年内关闭。提前关闭或者积极配合的给予一定补贴,逾期不履行的强制关闭。关于通告的性质,下列哪一选项是正确的?④

A. 行政规范性文件
B. 具体行政行为
C. 行政给付
D. 行政强制

① C ② B ③ C ④ B

刷题表	时 间	题号	一刷	二刷	题号	一刷	二刷	题号	一刷	二刷	题号	一刷	二刷

64． 2017/2/46/单

行政机关所实施的下列行为中,哪一项属于具体行政行为?①

A. 公安交管局在辖区内城市快速路入口处悬挂"危险路段,谨慎驾驶"的横幅

B. 县公安局依照《刑事诉讼法》对李某进行拘留

C. 区政府对王某作出房屋征收决定

D. 因民间纠纷引起的打架斗殴双方经公安派出所调解达成的协议

考点9 具体行政行为的基本理论

65． 2023 回忆/多

关于无效具体行政行为,下列哪些说法是正确的?②

A. 具体行政行为一经确认无效即应当对当事人进行国家赔偿

B. 确认无效的具体行政行为对作为当事人一方的行政机关无拘束力

C. 我国法律尚未对具体行政行为的无效情形作出明确规定

D. 滥用职权的具体行政行为在被撤销前具有法律效力

66． 2019 回忆/多

下列关于具体行政行为的说法哪些是正确的?③

A. 确定力是指具体行政行为一经生效,行政机关和相对人必须遵守

B. 2014年修改的《行政诉讼法》中并未出现具体行政行为这一用语

C. 具体行政行为是指对特定人或者特定事项的一次性处理

D. 授益性行政行为与裁量性行政行为是相对应的

67． 2018 回忆/单

国外某品牌婴儿配方奶粉在该国引起婴儿呕吐及胃肠不适症状,海关总署发布公告,提醒国内消费者谨慎通过直邮方式从境外购买该品牌婴儿配方奶粉。下列哪一说法是正确的?④

A. 该公告是具有强制力的行政决定

B. 海关总署是国务院直属事业单位

C. 该公告属于负担的具体行政行为

D. 该公告属于事实行为

---

① C ② BD ③ BC ④ D

68. 2013/2/85/多

关于具体行政行为的合法性与效力,下列哪些说法是正确的?①
A. 遵守法定程序是具体行政行为合法的必要条件
B. 无效行政行为可能有多种表现形式,无法完全列举
C. 因具体行政行为废止致使当事人的合法权益受到损失的,应给予赔偿
D. 申请行政复议会导致具体行政行为丧失拘束力

69. 2010/2/81/多

关于具体行政行为的效力,下列哪些说法是正确的?②
A. 可撤销的具体行政行为在被撤销之前,当事人应受其约束
B. 具体行政行为废止前给予当事人的利益,在该行为废止后应收回
C. 为某人设定专属权益的行政行为,如此人死亡其效力应终止
D. 对无效具体行政行为,任何人都可以向法院起诉主张其无效

70. 2009/2/80/多

关于具体行政行为的成立和效力,下列哪些选项是错误的?③
A. 与抽象行政行为不同,具体行政行为一经成立即生效
B. 行政强制执行是实现具体行政行为执行力的制度保障
C. 未经送达领受程序的具体行政行为也具有法律约束力
D. 因废止具体行政行为给当事人造成损失的,国家应当给予赔偿

71. 2014/2/99/任

有关具体行政行为的效力和合法性,下列说法正确的是:④
A. 具体行政行为一经成立即生效
B. 具体行政行为违法是导致其效力终止的唯一原因
C. 行政机关的职权主要源自行政组织法和授权法的规定
D. 滥用职权是具体行政行为构成违法的独立理由

72. 2015/2/46/单

某地连续发生数起以低价出售物品引诱当事人至屋内后实施抢劫的事件,当地公安局通过手机短信告知居民保持警惕以免上当受骗。公安局的行为属于下列哪一性质?⑤

① AB ② AC ③ ACD ④ CD ⑤ A

A. 履行行政职务的行为
B. 负担性的行为
C. 准备性行政行为
D. 强制行为

73. 2006/2/40/单

下列哪一选项是关于具体行政行为拘束力的正确理解?
①具体行政行为具有不再争议性,相对人不得改变具体行政行为
②行政主体非经法定程序不得任意改变或撤销具体行政行为
③相对人必须遵守和实际履行具体行政行为规定的义务
④具体行政行为在行政复议或行政诉讼期间不停止执行①

A. ①②
B. ①②④
C. ②③
D. ③④

专题六 行政许可

考点10 行政许可的设定

74. 2023 回忆/单

水利部依照《中华人民共和国水法》制定了《水行政处罚实施办法》(中华人民共和国水利部令第55号)。该办法可以规定下列哪一项内容?②

A. 规定行政处罚的级别管辖
B. 补充设定行政处罚
C. 规定行政处罚适用简易程序的特殊条件
D. 规定依普通程序作出处罚决定的期限

75. 2016/2/79/多

关于行政许可的设定权限,下列哪些说法是不正确的?③
A. 必要时省政府制定的规章可设定企业的设立登记及其前置性行政许可
B. 地方性法规可设定应由国家统一确定的公民、法人或者其他组织的资格、资质的行政许可

---

① C ② D ③ ABC

C. 必要时国务院部门可采用发布决定的方式设定临时性行政许可
D. 省政府报国务院批准后可在本区域停止实施行政法规设定的有关经济事务的行政许可

76． 2010/2/82/多

下列哪些地方性法规的规定违反《行政许可法》?①

A. 申请餐饮服务许可证,须到当地餐饮行业协会办理认证手续
B. 申请娱乐场所表演许可证,文化主管部门收取的费用由财政部门按一定比例返还
C. 外地人员到本地经营网吧,应当到本地电信管理部门注册并缴纳特别管理费
D. 申请建设工程规划许可证,需安装建设主管部门指定的节能设施

考点11 行政许可的实施机关与实施程序

77． 2023 回忆/单

齐某自行购置了一台新车准备从事网约车营运,向甲市乙区交通运输管理局申请网约车营运许可。依照甲市制发的《网约车运营管理规定》,车龄3年以上才可申领网约车营运许可,乙区交通运输管理局据此拒绝了齐某的申请。齐某不服,向法院提起诉讼。诉讼期间,乙区交通运输管理局为齐某发放了营运许可,但齐某未撤诉。对此,下列哪一说法是正确的?②

A. 网约车许可属于特许
B. 齐某不可以通过电子邮件申请网约车营运许可
C. 乙区交通运输管理局应当在30日内作出许可决定
D. 法院应当判决确认乙区交通运输管理局拒绝发证行为违法

78． 2016/2/78/多

《执业医师法》规定,执业医师需依法取得卫生行政主管部门发放的执业医师资格,并经注册后方能执业。关于执业医师资格,下列哪些说法是正确的?③

A. 该资格属于直接关系人身健康,需按照技术规范通过检验、检测确定

① ABCD　② D　③ CD

申请人条件的许可

B. 对《执业医师法》规定的取得资格的条件和要求,部门规章不得作出具体规定

C. 卫生行政主管部门组织执业医师资格考试,应公开举行

D. 卫生行政主管部门组织执业医师资格考试,不得组织强制性考前培训

79. 2010/2/43/单

刘某向卫生局申请在小区设立个体诊所,卫生局受理申请。小区居民陈某等人提出,诊所的医疗废物会造成环境污染,要求卫生局不予批准。对此,下列哪一选项符合《行政许可法》规定?①

A. 刘某既可以书面也可以口头申请设立个体诊所

B. 卫生局受理刘某申请后,应当向其出具加盖本机关专用印章和注明日期的书面凭证

C. 如陈某等人提出听证要求,卫生局同意并听证的,组织听证的费用应由陈某承担

D. 如卫生局拒绝刘某申请,原则上应作出书面决定,必要时口头告知即可

80. 2009/2/40/单

2001年原信息产业部制定的《电信业务经营许可证管理办法》(简称《办法》)规定"经营许可证有效期届满,需要继续经营的,应提前90日,向原发证机关提出续办经营许可证的申请"。2003年9月1日获得增值电信业务许可证(有效期为五年)的甲公司,于2008年拟向原发证机关某省通信管理局提出续办经营许可证的申请。下列哪一选项是正确的?②

A. 因《办法》为规章,所规定的延续许可证申请期限无效

B. 因《办法》在《行政许可法》制定前颁布,所规定的延续许可证申请期限无效

C. 如甲公司依法提出申请,某省通信管理局应在甲公司许可证有效期届满前作出是否准予延续的决定

D. 如甲公司依法提出申请,某省通信管理局在60日内不予答复的,视为拒绝延续

---

① B ② C

81. 2013/2/47/单

某公司向规划局交纳了一定费用后获得了该局发放的建设用地规划许可证。刘某的房屋紧邻该许可规划用地,刘某认为建筑工程完成后将遮挡其房屋采光,向法院起诉请求撤销该许可决定。下列哪一说法是正确的?①

A. 规划局发放许可证不得向某公司收取任何费用
B. 因刘某不是该许可的利害关系人,规划局审查和决定发放许可证无需听取其意见
C. 因刘某不是该许可的相对人,不具有原告资格
D. 因建筑工程尚未建设,刘某权益受侵犯不具有现实性,不具有原告资格

82. 2011/2/99/任

关于行政许可实施程序的听证规定,下列说法正确的是:②

A. 行政机关应在举行听证7日前将时间、地点通知申请人、利害关系人
B. 行政机关可视情况决定是否公开举行听证
C. 申请人、利害关系人对听证主持人可以依照规定提出回避申请
D. 举办听证的行政机关应当制作笔录,听证笔录应当交听证参与人确认无误后签字或者盖章

83. 2009/2/90/多

关于公告,下列哪些选项是正确的?③

A. 行政机关认为需要听证的涉及公共利益的重大许可事项应当向社会公告
B. 行政许可直接涉及申请人与他人之间重大利益关系的,申请人、利害关系人提出听证申请的,行政机关应当予以公告
C. 行政机关在其法定权限范围内,依据法律委托其他行政机关实施行政许可,对受委托行政机关和受委托实施许可的内容应予以公告
D. 被许可人以欺骗、贿赂等不正当手段取得行政许可,行政机关予以撤销的,应当向社会公告

① A ② ACD ③ AC

84． 2017/2/47/单

天龙房地产开发有限公司拟兴建天龙金湾小区项目,向市规划局申请办理建设工程规划许可证,并提交了相关材料。下列哪一说法是正确的?①

A. 公司应到市规划局办公场所提出申请

B. 公司应对其申请材料实质内容的真实性负责

C. 公司的申请材料不齐全的,市规划局应作出不受理决定

D. 市规划局为公司提供的申请格式文本可收取工本费

考点12 行政许可的撤销、撤回、注销与吊销

85． 2022回忆/单

关于行政许可的撤销与注销,下列哪一项说法是正确的?②

A. 均为行政处罚行为

B. 均为可诉行政行为

C. 均为依申请行政行为

D. 均为可裁量行政行为

86． 2019回忆/多

某区规划局批准了大地房地产开发公司的土地开发申请,并向其颁发了建设工程规划许可证,后查明该公司在申请规划许可时提供了虚假材料,于是,某区规划局将该许可证予以撤销。下列哪些说法是正确的?③

A. 颁发建设工程规划许可证不得收取任何费用

B. 批准开发申请应当向社会公开

C. 撤销建设工程规划许可证的行为属于行政处罚

D. 若大地房地产开发公司提起行政复议,复议机关为区政府

87． 2011/2/42/单

某市安监局向甲公司发放《烟花爆竹生产企业安全生产许可证》后,发现甲公司所提交的申请材料系伪造。对于该许可证的处理,下列哪一选项是正确的?④

A. 吊销 B. 撤销

C. 撤回 D.注销

---

① B ② B ③ ABD ④ B

| 刷题表 | 时　间 | 题号 | 一刷 | 二刷 | 题号 | 一刷 | 二刷 | 题号 | 一刷 | 二刷 | 题号 | 一刷 | 二刷 |

88． 2008/2/87/多

对下列哪些情形,行政机关应当办理行政许可的注销手续?①

A. 张某取得律师执业证书后,发生交通事故成为植物人
B. 田某违法经营的网吧被吊销许可证
C. 李某依法向国土资源管理部门申请延续采矿许可,国土资源管理部门在规定期限内未予答复
D. 刘某通过行贿取得行政许可证后,被行政机关发现并撤销其许可

89． 2015/2/47/单

食品药品监督管理局向一药店发放药品经营许可证。后接举报称,该药店存在大量非法出售处方药的行为,该局在调查中发现药店的药品经营许可证系提供虚假材料欺骗所得。关于对许可证的处理,该局下列哪一做法是正确的?②

A. 撤回
B. 撤销
C. 吊销
D. 待有效期限届满后注销

90． 2017/2/78/多

下列哪些情形中,行政机关应依法办理行政许可的注销手续?③

A. 某企业的产品生产许可证有效期限届满未申请延续的
B. 某企业的旅馆业特种经营许可证被认定为以贿赂手段取得而被撤销的
C. 某房地产开发公司取得的建设工程规划许可证被吊销的
D. 拥有执业医师资格证的王医生死亡的

91． 2007/2/81/多

刘某参加考试并取得《医师资格证书》,后市卫生局查明刘某在报名时提供的系虚假材料,于是向刘某送达《行政许可证件撤销告知书》。刘某提出听证申请,被拒绝。市卫生局随后撤销了刘某的《医师资格证书》。下列哪些选项是正确的?④

---

① ABD　② B　③ ABCD　④ ACD

A. 市卫生局有权撤销《医师资格证书》
B. 撤销《医师资格证书》的行为应当履行听证程序
C. 市政府有权撤销《医师资格证书》
D. 市卫生局撤销《医师资格证书》后应依照法定程序将其注销

考点 13　行政许可和行政处罚的比较

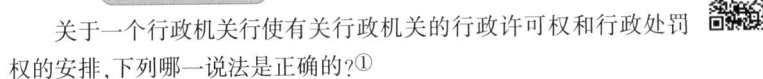

92． 2016/2/80/单
关于一个行政机关行使有关行政机关的行政许可权和行政处罚权的安排,下列哪一说法是正确的?①
A. 涉及行政处罚的,由国务院或者经国务院授权的省、自治区、直辖市政府决定
B. 涉及行政许可的,由经国务院批准的省、自治区、直辖市政府决定
C. 限制人身自由的行政处罚只能由公安机关行使,不得交由其他行政机关行使
D. 由公安机关行使的行政许可,不得交由其他行政机关行使

93． 2011/2/41/单
关于规章,下列哪一说法是正确的?②
A. 较大的市的人民政府制定的规章可以在上位法设定的行政许可事项范围内,对实施该行政许可作出具体规定
B. 行政机关实施许可不得收取任何费用,但规章另有规定的,依照其规定
C. 规章可以授权具有管理公共事务职能的组织实施行政处罚
D. 违法行为在二年内未被发现的,不再给予行政处罚,但规章另有规定的除外

94． 2015/2/77/多
对下列哪些拟作出的决定,行政机关应告知当事人有权要求听证?③
A. 税务局扣押不缴纳税款的某企业价值200万元的商品
B. 交通局吊销某运输公司的道路运输经营许可证
C. 规划局发放的建设用地规划许可证,直接涉及申请人与附近居民之间

---

① B(原答案为ABC)。原为多选题,根据新法答案有变化,调整为单选题　② A　③ BC

的重大利益关系

D. 公安局处以张某行政拘留 10 天的处罚

专题七 行政处罚

考点14 行政处罚的种类

95. 2010/2/44/单

下列哪一行为属于行政处罚？①

A. 公安交管局暂扣违章驾车张某的驾驶执照六个月
B. 工商局对一企业有效期届满未申请延续的营业执照予以注销
C. 卫生局对流行性传染病患者强制隔离
D. 食品药品监督局责令某食品生产者召回其已上市销售的不符合食品安全标准的食品

96. 2016/2/81/多

下列哪些行政行为不属于行政处罚？②

A. 质监局对甲企业涉嫌冒用他人商品识别代码的产品予以先行登记保存
B. 食品药品监管局责令乙企业召回已上市销售的不符合药品安全标准的药品
C. 环保局对排污超标的丙企业作出责令停产 6 个月的决定
D. 工商局责令销售不合格产品的丁企业支付消费者 3 倍赔偿金

考点15 行政处罚的设定

97. 2013/2/48/单

关于部门规章的权限，下列哪一说法是正确的？③

A. 尚未制定法律、行政法规，对违反管理秩序的行为，可以设定暂扣许可证的行政处罚
B. 尚未制定法律、行政法规，且属于规章制定部门职权的，可以设定扣押财物的行政强制措施

---

① A ② ABD ③ C

C. 可以在上位法设定的行政许可事项范围内,对实施该许可作出具体规定

D. 可以设定除限制人身自由以外的行政处罚

考点16 行政处罚决定程序与执行程序

98. 2021 回忆/任

甲市政府发布《关于限制道路通行的通告》,自 7 月 20 日至 7 月 25 日某路段禁止通行。甲市乙区公安分局交警大队通过监控发现李某违反限行规定,对其作出 200 元罚款决定。李某向乙区政府申请行政复议,乙区政府复议维持。后李某提起诉讼。关于本案,下列说法正确的是:①

A. 《关于限制道路通行的通告》是具体行政行为

B. 对李某的处罚可适用简易程序

C. 被告是乙区公安分局交警大队和区政府

D. 对李某的监控记录未经审核不得作为证据使用

99. 2019 回忆/多

某超市售卖过期变质的酸奶,区市监局对其作出没收酸奶和罚款 1 万元的处罚决定,但超市逾期不缴纳罚款。对此,下列哪些说法是正确的?②

A. 区市监局可以按日加处 3% 的罚款

B. 区市监局可以拍卖酸奶抵扣罚款

C. 区市监局可以和超市签订执行协议,约定分期缴纳罚款

D. 区市监局作出处罚决定时可以告知超市有申请听证的权利

100. 2011/2/44/单

质监局发现王某生产的饼干涉嫌违法使用添加剂,遂将饼干先行登记保存,期限为 1 个月。有关质监局的先行登记保存行为,下列哪一说法是正确的?③

A. 系对王某的权利义务不产生实质影响的行为

B. 可以由 2 名执法人员在现场直接作出

C. 采取该行为的前提是证据可能灭失或以后难以取得

D. 登记保存的期限合法

① BCD ② AC ③ C

101. 2011/2/48/单

某国土资源局以陈某违反《土地管理法》为由,向陈某送达决定书,责令其在10日内拆除擅自在集体土地上建造的房屋3间,恢复土地原状。陈某未履行决定。下列哪一说法是错误的?①

A. 国土资源局的决定书应载明,不服该决定申请行政复议或提起行政诉讼的途径和期限
B. 国土资源局的决定为负担性具体行政行为
C. 因《土地管理法》对起诉期限有特别规定,陈某对决定不服提起诉讼的,应依该期限规定
D. 如陈某不履行决定又未在法定期限内申请复议或起诉的,国土资源局可以自行拆除陈某所建房屋

102. 2009/2/85/多

甲公司将承建的建筑工程承包给无特种作业操作资格证书的邓某,邓某在操作时引发事故。某省建设厅作出暂扣甲公司安全生产许可证三个月的决定,市安全监督管理局对甲公司罚款三万元。甲公司对市安全监督管理局罚款不服,向法院起诉。下列哪些选项是正确的?②

A. 如甲公司对某省建设厅的决定也不服,向同一法院起诉的,法院可以决定合并审理
B. 市安全监督管理局不能适用简易程序作出罚款3万元的决定
C. 某省建设厅作出暂扣安全生产许可证决定前,应为甲公司组织听证
D. 因市安全监督管理局的罚款决定违反一事不再罚要求,法院应判决撤销

103. 2017/2/82/多

根据相关法律规定,在行政决定作出前,当事人有权就下列哪些情形要求举行听证?③

A. 区工商分局决定对个体户王某销售的价值10万元的假冒他人商标的服装予以扣押
B. 县公安局以非法种植罂粟为由对陈某处以3000元罚款
C. 区环保局责令排放污染物严重的某公司停业整顿
D. 胡某因酒后驾车,被公安交管部门吊销驾驶证

① D ② AB ③ BCD

刷题表	时　间	题号	一刷	二刷	题号	一刷	二刷	题号	一刷	二刷	题号	一刷	二刷

考点 17 治安管理处罚

104. 2021 回忆/多

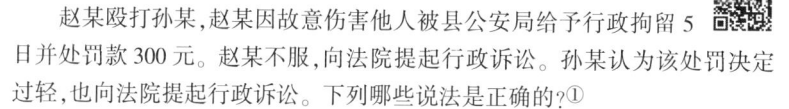

赵某殴打孙某,赵某因故意伤害他人被县公安局给予行政拘留 5 日并处罚款 300 元。赵某不服,向法院提起行政诉讼。孙某认为该处罚决定过轻,也向法院提起行政诉讼。下列哪些说法是正确的?①

  A. 县公安局作出处罚决定前,可以组织听证
  B. 应当暂缓执行赵某的行政拘留处罚决定
  C. 法院应当合并审理
  D. 经审理被诉处罚决定明显不当的,法院可以变更为行政拘留 10 日并处罚款 500 元

105. 2019 回忆/多

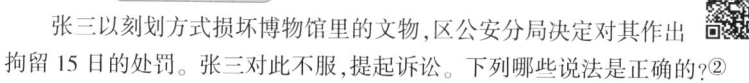

张三以刻划方式损坏博物馆里的文物,区公安分局决定对其作出拘留 15 日的处罚。张三对此不服,提起诉讼。下列哪些说法是正确的?②

  A. 张三的行为属于妨害公共安全的行为
  B. 公安分局应当告知张三有申请听证的权利
  C. 若张三申请行政复议,应当向区政府提出
  D. 张三可以申请暂缓执行行政拘留

106. 2012/2/47/单

经传唤调查,某区公安分局以散布谣言,谎报险情为由,决定对孙某处以 15 日行政拘留,并处 500 元罚款。下列哪一选项是正确的?③

  A. 传唤孙某时,某区公安分局应当将传唤的原因和依据告知孙某
  B. 传唤后对孙某的询问查证时间不得超过 48 小时
  C. 孙某对处罚决定不服申请行政复议,应向市公安局申请
  D. 如孙某对处罚决定不服直接起诉的,应暂缓执行行政拘留的处罚决定

107. 2011/2/81/多

某区公安分局以沈某收购赃物为由,拟对沈某处以 1000 元罚款。该分局向沈某送达了听证告知书,告知其可以在 3 日内提出听证申请,沈某遂

---

① ACD　② CD　③ A

提出听证要求。次日,该分局在未进行听证的情况下向沈某送达1000元罚款决定。沈某申请复议。下列哪些说法是正确的?①

　　A. 该分局在作出决定前,应告知沈某处罚的事实、理由和依据
　　B. 沈某申请复议的期限为60日
　　C. 该分局不进行听证并不违法
　　D. 该罚款决定违法

108. 2016/2/45/单

李某多次发送淫秽短信、干扰他人正常生活,公安机关经调查拟对李某作出行政拘留10日的处罚。关于此处罚决定,下列哪一做法是适当的?②

　　A. 由公安派出所作出
　　B. 依当场处罚程序作出
　　C. 应及时通知李某的家属
　　D. 紧急情况下可以口头方式作出

109. 2013/2/46/单

因关某以刻划方式损坏国家保护的文物,公安分局决定对其作出拘留10日,罚款500元的处罚。关某申请复议,并向该局提出申请、交纳保证金后,该局决定暂缓执行拘留决定。下列哪一说法是正确的?③

　　A. 关某的行为属于妨害公共安全的行为
　　B. 公安分局应告知关某有权要求举行听证
　　C. 复议机关只能是公安分局的上一级公安机关
　　D. 如复议机关撤销对关某的处罚,公安分局应当及时将收取的保证金退还关某

110. 2011/2/46/单

市政府决定,将牛某所在村的集体土地征收转为建设用地。因对补偿款数额不满,牛某对现场施工进行阻挠。市公安局接警后派警察到现场处理。经口头传唤和调查后,该局对牛某处以10日拘留。牛某不服处罚起诉,法院受理。下列哪一说法是正确的?④

　　A. 市公安局警察口头传唤牛某构成违法
　　B. 牛某在接受询问时要求就被询问事项自行提供书面材料,不予准许

---

① ABD　② C　③ D　④ C

C. 市政府征收土地决定的合法性不属于本案的审查范围

D. 本案不适用变更判决

111. 2010/2/83/多

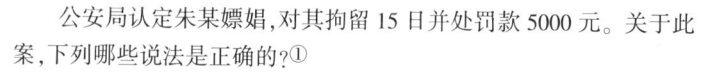

公安局认定朱某嫖娼,对其拘留15日并处罚款5000元。关于此案,下列哪些说法是正确的?①

A. 对朱某的处罚决定书应载明处罚的执行方式和期限

B. 如朱某要求听证,公安局应当及时依法举行听证

C. 朱某有权陈述和申辩,公安局必须充分听取朱某的意见

D. 如朱某对拘留和罚款处罚不服起诉,该案应由公安局所在地的法院管辖

112. 2009/2/88/多

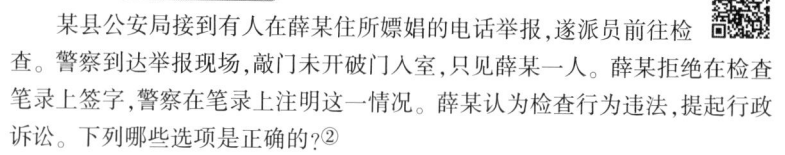

某县公安局接到有人在薛某住所嫖娼的电话举报,遂派员前往检查。警察到达举报现场,敲门未开破门入室,只见薛某一人。薛某拒绝在检查笔录上签字,警察在笔录上注明这一情况。薛某认为检查行为违法,提起行政诉讼。下列哪些选项是正确的?②

A. 某县公安局应当对电话举报进行登记

B. 警察对薛某住所进行检查时不得少于二人

C. 警察对薛某住所进行检查时应当出示工作证件和县级以上政府公安机关开具的检查证明文件

D. 因薛某未在警察制作的检查笔录上签字,该笔录在行政诉讼中不具有证据效力

113. 2014/2/79/多

某公安局以刘某引诱他人吸食毒品为由对其处以15日拘留,并处3000元罚款的处罚。刘某不服,向法院提起行政诉讼。下列哪些说法是正确的?③

A. 公安局在作出处罚决定前传唤刘某询问查证,询问查证时间最长不得超过24小时

B. 对刘某的处罚不应当适用听证程序

C. 如刘某为外国人,可以附加适用限期出境

---

① ABCD(原答案为ABC) ② ABC ③ AC(原答案为ACD)

· 33 ·

D. 刘某向法院起诉的期限为 3 个月

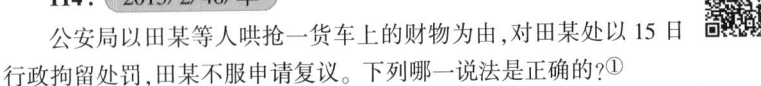

114． 2015/2/48/单
公安局以田某等人哄抢一货车上的财物为由,对田某处以 15 日行政拘留处罚,田某不服申请复议。下列哪一说法是正确的?①

A. 田某的行为构成扰乱公共秩序
B. 公安局对田某哄抢的财物应予以登记
C. 公安局对田某传唤后询问查证不得超过 12 小时
D. 田某申请复议的期限为 6 个月

115． 2017/2/79/多
某公安派出所以李某放任所饲养的烈性犬恐吓张某为由对李某处以 500 元罚款。关于该处罚决定,下列哪些说法是正确的?②

A. 公安派出所可以自己名义作出决定
B. 可当场作出处罚决定
C. 应将处罚决定书副本抄送张某
D. 如李某不服处罚决定向法院起诉,应以该派出所所属的公安局为被告

专题八　行政强制

考点18　行政强制行为的判定

116． 2021回忆/多
甲市乙区税务局认定某公司骗取出口退税,遂作出《税务行政处理决定书》,决定追缴其所骗取的税款 500 万元。该公司拒绝上缴,后乙区税务局从其公司银行账户中强制扣缴 500 万元。该公司不服《税务行政处理决定书》,向甲市税务局申请行政复议,甲市税务局作出维持决定。该公司不服,提起行政诉讼。下列哪些说法是正确的?③

A. 该公司的复议申请期限为 60 日
B. 追缴税款的决定属于行政处罚
C. 甲市税务局和乙区税务局为共同被告
D. 强制扣缴属于行政强制执行

---

① B　② AC　③ ACD

刷题表	时 间	题号	一刷	二刷	题号	一刷	二刷	题号	一刷	二刷	题号	一刷	二刷

117. 2020 回忆/多

下列哪些行为属于行政强制措施?①

A. 甲酒后驾车,公安局决定暂扣其驾驶执照 6 个月
B. 公安局发现乙醉酒影响公共秩序,将其带离现场并约束其至酒醒
C. 市场监督管理局发现丙销售未经检验检疫的猪肉,决定暂扣其未售出的猪肉
D. 税务局认定丁公司涉嫌转移财产逃税,扣押其相当于应缴税款的商品

118. 2013/2/43/单

李某长期吸毒,多次自费戒毒均未成功。某公安局在一次检查中发现后,将李某送至强制隔离戒毒所进行强制隔离戒毒。强制隔离戒毒属于下列哪一性质的行为?②

A. 行政处罚
B. 行政强制措施
C. 行政强制执行
D. 行政许可

119. 2012/2/99/任

某交通局在检查中发现张某所驾驶货车无道路运输证,遂扣留了张某驾驶证和车载货物,要求张某缴纳罚款 1 万元。张某拒绝缴纳,交通局将车载货物拍卖抵缴罚款。下列说法正确的有?③

A. 扣留驾驶证的行为为行政强制措施
B. 扣留车载货物的行为为行政强制措施
C. 拍卖车载货物的行为为行政强制措施
D. 拍卖车载货物的行为为行政强制执行

120. 2013/2/97/任

市林业局接到关于孙某毁林采矿的举报,遂致函当地县政府,要求调查。县政府召开专题会议形成会议纪要:由县林业局、矿产资源管理局与安监局负责调查处理。经调查并与孙某沟通,三部门形成处理意见:要求孙某合法开采,如发现有毁林或安全事故,将依法查处。再次接到举报后,三部门

① BCD ② B ③ ABD

共同发出责令孙某立即停止违法开采,对被破坏的生态进行整治的通知。责令孙某立即停止违法开采的性质是:①

A. 行政处罚
B. 行政强制措施
C. 行政征收
D. 行政强制执行

121. 2012/2/84/多

规划局认定一公司所建房屋违反规划,向该公司发出《拆除所建房屋通知》,要求公司在 15 日内拆除房屋。到期后,该公司未拆除所建房屋,该局发出《关于限期拆除所建房屋的通知》,要求公司在 10 日内自动拆除,否则将依法强制执行。下列哪些说法是正确的?②

A.《拆除所建房屋通知》与《关于限期拆除所建房屋的通知》性质不同
B.《关于限期拆除所建房屋的通知》系行政处罚
C. 公司可以对《拆除所建房屋通知》提起行政诉讼
D. 在作出《拆除所建房屋通知》时,规划局可以适用简易程序

122. 2016/2/46/单

下列哪一行政行为不属于行政强制措施?③
A. 审计局封存转移会计凭证的被审计单位的有关资料
B. 公安交通执法大队暂扣酒后驾车的贾某机动车驾驶证 6 个月
C. 税务局扣押某企业价值相当于应纳税款的商品
D. 公安机关对醉酒的王某采取约束性措施至酒醒

123. 2014/2/45/单

某县公安局开展整治非法改装机动车的专项行动,向社会发布通知:禁止改装机动车,发现非法改装机动车的,除依法暂扣行驶证、驾驶证 6 个月外,机动车所有人须到指定场所学习交通法规 5 日并出具自行恢复原貌的书面保证,不自行恢复的予以强制恢复。某县公安局依此通知查处 10 辆机动车,要求其所有人到指定场所学习交通法规 5 日并出具自行恢复原貌的书面保证。下列哪一说法是正确的?④

A. 通知为具体行政行为

---

① B ② AC ③ B ④ C

B. 要求10名机动车所有人学习交通法规5日的行为为行政指导

C. 通知所指的暂扣行驶证、驾驶证6个月为行政处罚

D. 通知所指的强制恢复为行政强制措施

考点19 行政强制措施

124. 2021 回忆/多

甲市乙区消防救援大队的执法人员在消防监督检查中发现某酒店自动消防设施老旧,不再具备防火灭火功能,不及时整改将严重威胁公共安全,遂根据甲市地方性法规的相关规定对该酒店进行临时查封。该酒店不服,向法院提起行政诉讼。下列哪些说法是正确的?①

A. 作出查封决定前,应当告知该酒店经营者可以申请听证

B. 对查封决定不服,应当向乙区政府申请行政复议

C. 该酒店对执法人员的身份合法性有异议的,可以要求执法人员出庭说明

D. 甲市地方性法规有权设定查封

125. 2012/2/48/单

某市质监局发现一公司生产劣质产品,查封了公司的生产厂房和设备,之后决定没收全部劣质产品、罚款10万元。该公司逾期不缴纳罚款。下列哪一选项是错误的?②

A. 实施查封时应制作现场笔录

B. 对公司的处罚不能适用简易程序

C. 对公司逾期缴纳罚款,质监局可以每日按罚款数额的3%加处罚款

D. 质监局可以通知该公司的开户银行划拨其存款

126. 2012/2/80/多

某工商局以涉嫌非法销售汽车为由扣押某公司5辆汽车。下列哪些说法是错误的?③

A. 工商局可以委托城管执法局实施扣押

B. 工商局扣押汽车的最长期限为90日

C. 对扣押车辆,工商局可以委托第三人保管

D. 对扣押车辆进行检测的费用,由某公司承担

---

① BCD ② D ③ ABD

127． 2016/2/82/多

某工商局因陈某擅自设立互联网上网服务营业场所扣押其从事违法经营活动的电脑15台,后作出没收被扣电脑的决定。下列哪些说法是正确的?①

A. 工商局应制作并当场交付扣押决定书和扣押清单
B. 因扣押电脑数量较多,作出扣押决定前工商局应告知陈某享有要求听证的权利
C. 对扣押的电脑,工商局不得使用
D. 因扣押行为系过程性行政行为,陈某不能单独对扣押行为提起行政诉讼

128． 2013/2/80/多

某工商分局接举报称肖某超范围经营,经现场调查取证初步认定举报属实,遂扣押与其经营相关物品,制作扣押财物决定及财物清单。关于扣押程序,下列哪些说法是正确的?②

A. 扣押时应当通知肖某到场
B. 扣押清单一式二份,由肖某和该工商分局分别保存
C. 对扣押物品发生的合理保管费用,由肖某承担
D. 该工商分局应当妥善保管扣押的物品

129． 2014/2/47/单

某区公安分局以非经许可运输烟花爆竹为由,当场扣押孙某杂货店的烟花爆竹100件。关于此扣押,下列哪一说法是错误的?③

A. 执法人员应当在返回该分局后立即向该分局负责人报告并补办批准手续
B. 扣押时应当制作现场笔录
C. 扣押时应当制作并当场交付扣押决定书和清单
D. 扣押应当由某区公安分局具备资格的行政执法人员实施

130． 2015/2/78/多

某公安交管局交通大队民警发现王某驾驶的电动三轮车未悬挂

---

① AC ② ABD ③ A

号牌,遂作出扣押的强制措施。关于扣押应遵守的程序,下列哪些说法是正确的?①

A. 由两名以上交通大队行政执法人员实施扣押
B. 当场告知王某扣押的理由和依据
C. 当场向王某交付扣押决定书
D. 将三轮车及其车上的物品一并扣押,当场交付扣押清单

131. 2017/2/48/单

某市质监局发现王某开设的超市销售伪劣商品,遂依据《产品质量法》对发现的伪劣商品实施扣押。关于扣押的实施,下列哪一说法是错误的?②

A. 因扣押发生的保管费用由王某承担
B. 应制作现场笔录
C. 应制作并当场交付扣押决定书和扣押清单
D. 不得扣押与违法行为无关的财物

考点20 行政强制执行

132. 2023 回忆/单

关于行政管理过程中的收费,下列哪一说法是正确的?③

A. 代履行的费用一律由当事人承担
B. 因扣押财物发生的保管费用由当事人承担
C. 行政机关申请法院强制执行时的强制执行费用由被执行人承担
D. 行政机关实施行政许可时依规章规定可以收取费用

133. 2021 回忆/多

某区河务局认定某公司在河滩违法存放工程废土,决定对其罚款10万元。该公司没有在法定期限内申请行政复议或者提起行政诉讼,也没有在指定期限内缴纳罚款。河务局向法院申请强制执行。下列哪些说法是不正确的?④

A. 申请法院强制执行前,河务局应当催告该公司履行义务
B. 应当由法院执行庭对罚款决定的合法性进行审查

---

① ABC ② A ③ C ④ BCD

C. 应当向该公司所在地的基层人民法院申请强制执行

D. 如法院经审查后认为符合执行条件的,应判决准予执行

134． 2019 回忆/多

马某在沿街边违法修建房屋,区规划局向马某发出《拆除违章建筑通知》,要求马某在 30 日内拆除违建房屋。到期后,马某未自行拆除该房屋,区规划局遂立即组织人员将该违建房屋强制拆除。下列哪些说法是正确的?①

A. 马某就《拆除违章建筑通知》起诉,法院应当受理本案

B. 区规划局强制拆除的行为违法

C. 《拆除违章建筑通知》的性质为行政指导

D. 就区规划局组织人员强制拆除的行为,马某应先申请行政复议,对复议决定不服才能向法院起诉

135． 2018 回忆/单

区规划局向某电信公司作出了规划许可和建设许可,许可电信公司修建职工宿舍,但电信公司在修建时,超出规划范围,多修筑了 1000 平方米的地下室,并在地面搭建了 500 平方米的工棚供职工居住。对此,区规划局应当采取以下哪一做法?②

A. 立即组织人员予以强制拆除

B. 要求某电信公司申请补发地下室规划许可证

C. 责令某电信公司限期拆除,并可对其予以罚款

D. 要求某电信公司申请补发临时建筑规划许可证

136． 2008/2/47/多

某市建设委员会以某公司的房屋占压输油、输气管道线为由,作出限期拆除决定,要求某公司自收到决定之日起 10 日内自行拆除。但某公司逾期未拆除,亦未在法定期限内提起诉讼,某市建设委员会申请法院强制执行。下列哪些选项是错误的?③

A. 若法律、法规赋予某市建设委员会有自行强制执行权,法院即应不受理其申请

B. 某市建设委员会应当向其所在地的法院申请强制执行

C. 接受申请的法院应当在受理申请之日起 30 日内作出是否准予强制执

---

① AB ② C ③ ABC(原答案为 C)。原为单选题,根据新法答案有变化,调整为多选题

行的裁定

D. 若在某市建设委员会申请强制执行前,某公司已对限期拆除决定提起诉讼,法院无权在诉讼期间执行拆除决定

137. 2015/2/49/单

在行政强制执行过程中,行政机关依法与甲达成执行协议。事后,甲应当履行协议而不履行,行政机关可采取下列哪一措施?①

A. 申请法院强制执行
B. 恢复强制执行
C. 以甲为被告提起民事诉讼
D. 以甲为被告提起行政诉讼

138. 2017/2/80/多

下列哪些规范无权设定行政强制执行?②

A. 法律　　　　　　　B. 行政法规
C. 地方性法规　　　　D. 部门规章

139. 2017/2/81/多

林某在河道内修建了"农家乐"休闲旅社,在紧急防汛期,防汛指挥机构认为需要立即清除该建筑物,林某无法清除。对此,下列哪些说法是正确的?③

A. 防汛指挥机构可决定立即实施代履行
B. 如林某提起行政诉讼,防汛指挥机构应暂停强制清除
C. 在法定节假日,防汛指挥机构也可强制清除
D. 防汛指挥机构可与林某签订执行协议约定分阶段清除

专题九　其他行政行为

考点21 行政协议及诉讼

140. 2023回忆/多

县政府与甲公司签订了征地补偿协议后,迟迟未支付征地补偿

---

① B　② BCD　③ AC

金。甲公司向法院提起诉讼,请求法院判令县政府支付补偿金和约定的违约金。对此,下列哪些说法是正确的?①

A. 诉讼时效依照《民法典》处理
B. 可以参照《民法典》对民事合同的规定处理本案
C. 甲公司应就被告是否履行支付补偿金义务进行举证
D. 法院不能支持给付违约金的主张

141．2022 回忆/单

老张和小张是父子关系,老张是户主。小张以老张的名义与区政府签订了房屋征收补偿协议。后老张以不知情为由向法院提起诉讼,请求确认该协议无效。对此,下列哪一说法是错误的?②

A. 若协议约定发生争议后案件由区法院管辖,则该约定内容无效
B. 若协议无效事由在一审法庭辩论终结前消除,法院可驳回原告起诉
C. 法院应当审查区政府签订协议行为的合法性
D. 法院不能通过民事诉讼程序确认协议无效

142．2021 回忆/任

李某房屋位于某拆迁规划范围内,区政府与李某签订《房屋拆迁补偿协议》,约定拆迁补偿款为200万元,后区政府发现对李某房屋补偿面积认定存在重大偏差,导致对李某房屋补偿面积的计算方法有误,补偿安置标准超过其应得补偿标准,遂将协议约定的拆迁补偿款单方变更为150万元。李某不服,提起行政诉讼。下列说法不正确的是:③

A. 李某起诉期限适用行政诉讼法及其司法解释关于起诉期限的规定
B. 区政府单方变更拆迁补偿款违反职权法定原则,构成违法
C. 李某应当先申请行政复议才能提起行政诉讼
D. 若李某不履行协议约定的搬迁义务,区政府可以向法院提起反诉

143．2021 回忆/单

某区政府与甲签订《棚户区改造征收补偿协议》,约定协议履行争议可以申请仲裁。后甲以其签署协议受到胁迫为由,诉请法院判决解除该补偿协议。关于本案,下列哪一项说法是正确的?④

A. 因存在仲裁条款,法院应裁定不予受理

① AB ② B ③ BCD ④ B

B. 甲承担解除协议的举证责任
C. 本案不适用调解
D. 因存在仲裁条款,该协议无效

144． 2020 回忆/任

为开发统一的数码产品网络电召平台,甲市政府与宝昌股份有限责任公司签订了为期6年的特许经营协议,由宝昌公司开发网络电召平台并提供日常维护,并约定协议期间甲市政府将禁止其他公司单独开发电召平台。2年后,由于政府换届,甲市政府单方提前解除了与宝昌公司的协议。请回答下述(1)(2)两题。

(1)根据上述案例,下列说法正确的是:①
  A. 对于甲市政府与宝昌公司签订特许经营协议的行为,宝昌公司的竞争对手乙公司可以提起行政诉讼
  B. 对于甲市政府单方提前解除协议的行为,宝昌公司可以提起民事诉讼
  C. 对于甲市政府单方提前解除协议的行为,宝昌公司应当按照行政诉讼的起诉期起诉
  D. 对于甲市政府单方提前解除协议的行为,宝昌公司应当按照民事诉讼的规定缴纳诉讼费用

(2)若宝昌公司对甲市政府解除协议的行为不服,向法院提起行政诉讼,下列说法正确的是:②
  A. 如果特许经营协议中约定了发生争议由协议订立地法院管辖,可以按照协议的约定确定管辖法院
  B. 审理本案可以参照适用相关民事法律规范
  C. 如果协议能够继续履行,法院可判决被告继续履行协议
  D. 如果协议不能继续履行,法院可判决被告采取相应的补救措施,并对原告的损失予以补偿

考点22 行政给付

145． 2019 回忆/多

李某请求民政局向其支付抚恤金,遭

---
① AC ② ABC

刷题表	时间	题号	一刷	二刷	题号	一刷	二刷	题号	一刷	二刷	题号	一刷	二刷

民政局拒绝。李某诉至法院,要求判令民政局履行法定职责,同时申请法院先予执行。法院经审理查明,民政局负有给付义务而拒绝履行不符合法律规定。对此,下列哪些说法是正确的?①

A. 李某提出先予执行申请时,应提供相应担保
B. 法院应当判决民政局在一定期限内履行相应的给付义务
C. 如果李某未先向行政机关提出申请的,法院应当裁定驳回起诉
D. 如果法院认为给付义务明显不属于民政局权限范围的,可以裁定驳回起诉

专题十 政府信息公开

考点23 政府信息公开

146． 2020 回忆/多

某造纸厂超标排污,影响当地居民饮水安全。甲向区生态环境局申请公开造纸厂的环评文件,区生态环境局征求造纸厂意见,造纸厂认为文件中存在大量商业秘密,不同意公开,区生态环境局即以涉及商业秘密为由拒绝公开。下列哪些选项是正确的?②

A. 区生态环境局征求造纸厂意见,若造纸厂逾期未答复,则视为同意公开
B. 区生态环境局拒绝公开违法
C. 对于拒绝决定,甲应当先申请行政复议后才可以再提起行政诉讼
D. 甲申请信息公开时应当提供身份证明

147． 2019 回忆/多

陈某在一个月内连续十次向县政府申请公开防汛信息,县政府均按其申请予以公开。三日后,陈某又向县政府提出公开防汛信息申请,县政府可以采取的正确处理方式有哪些?③

A. 可以向陈某收取相应信息处理费用
B. 可以陈某不具有申请人资格为由不予提供
C. 可以陈某此前多次重复申请为由不予处理
D. 可以要求陈某说明理由

① BCD ② BCD ③ AD

| 刷题表 | 时　间 | 题号 | 一刷 | 二刷 | 题号 | 一刷 | 二刷 | 题号 | 一刷 | 二刷 | 题号 | 一刷 | 二刷 |

148. 2011/2/43/单

刘某系某工厂职工,该厂经区政府批准后改制。刘某向区政府申请公开该厂进行改制的全部档案、拖欠原职工工资如何处理等信息。区政府作出拒绝公开的答复,刘某向法院起诉。下列哪一说法是正确的?①

A. 区政府在作出拒绝答复时,应告知刘某并说明理由
B. 刘某向法院起诉的期限为二个月
C. 此案应由区政府所在地的区法院管辖
D. 因刘某与所申请的信息无利害关系,区政府拒绝公开答复是合法的

149. 2008/2/42/多

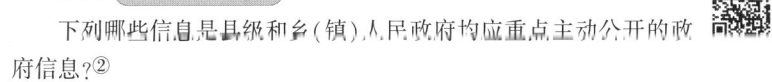

下列哪些信息是县级和乡(镇)人民政府均应重点主动公开的政府信息?②

A. 征收或征用土地、房屋拆迁及其补偿、补助费用的发放、使用情况
B. 社会公益事项建设情况
C. 政府集中采购项目的目录、标准及实施情况
D. 执行计划生育政策的情况

150. 2013/2/45/单 新法改编

田某为在校大学生,以从事研究为由向某工商局提出申请,要求公开该局 2012 年度作出的所有行政处罚决定书,该局拒绝公开。田某不服,向法院起诉。下列哪一项说法是正确的?③

A. 因田某不具有申请人资格,拒绝公开合法
B. 因行政处罚决定为重点公开的政府信息,拒绝公开违法
C. 田某应先申请复议再向法院起诉
D. 田某的起诉期限为 6 个月

151. 2011/2/79/多

某镇政府主动公开一胎生育证发放情况的信息。下列哪些说法是正确的?④

A. 该信息属于镇政府重点公开的信息
B. 镇政府可以通过设立的信息公告栏公开该信息

---

① A　② AC(原答案为 A)。原为单选题,根据新法答案有变化,调整为多选题　③ D
④ BD(原答案为 ABD)

C. 在无法律、法规或者规章特别规定的情况下,镇政府应当在该信息形成之日起 3 个月内予以公开

D. 镇政府应当及时向公共图书馆提供该信息

152. 2010/2/45/多

区房管局向某公司发放房屋拆迁许可证。被拆迁人王某向区房管局提出申请,要求公开该公司办理拆迁许可证时所提交的建设用地规划许可证,区房管局作出拒绝公开的答复。对此,下列哪些说法是正确的?①

A. 王某提出申请时,应出示有效身份证件

B. 因王某与申请公开的信息无利害关系,拒绝公开是正确的

C. 因区房管局不是所申请信息的制作主体,拒绝公开是正确的

D. 拒绝答复应自收到王某申请之日起 1 个月内作出

153. 2009/2/81/单

2002 年,甲乙两村发生用地争议,某县政府召开协调会并形成会议纪要。2008 年 12 月,甲村一村民向某县政府申请查阅该会议纪要。下列哪一项是正确的?②

A. 该村民可以口头提出申请

B. 因会议纪要形成于《政府信息公开条例》实施前,故不受《条例》规范

C. 因会议纪要不属于政府信息,某县政府可以不予公开

D. 如某县政府提供有关信息,可以向该村民收取检索、复制、邮寄等费用

154. 2014/2/48/多

某乡属企业多年未归还方某借给的资金,双方发生纠纷。方某得知乡政府曾发过 5 号文件和 210 号文件处分了该企业的资产,遂向乡政府递交申请,要求公开两份文件。乡政府不予公开,理由是 5 号文件涉及第三方,且已口头征询其意见,其答复是该文件涉及商业秘密,不同意公开,而 210 号文件不存在。方某向法院起诉。下列哪些说法是正确的?③

A. 方某申请时应当出示有效身份证明或者证明文件

B. 对所申请的政府信息,方某不具有申请人资格

---

① AC(原答案为 C)。原为单选题,根据新法答案有变化,调整为多选题　② A(原答案为 AD)。原为多选题,根据新法答案有变化,调整为单选题　③ AD(原答案为 D)。原为单选题,根据新法答案有变化,调整为多选题

C. 乡政府不公开 5 号文件合法

D. 方某能够提供 210 号文件由乡政府制作的相关线索的,可以申请法院调取证据

155. 2015/2/50/多

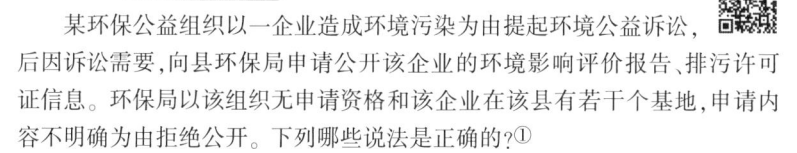

某环保公益组织以一企业造成环境污染为由提起环境公益诉讼,后因诉讼需要,向县环保局申请公开该企业的环境影响评价报告、排污许可证信息。环保局以该组织无申请资格和该企业在该县有若干个基地,申请内容不明确为由拒绝公开。下列哪些说法是正确的?①

A. 该组织提出申请时应出示其负责人的有效身份证明

B. 该组织的申请符合根据自身生产、生活、科研等特殊需要要求,环保局认为其无申请资格不成立

C. 对该组织的申请内容是否明确,环保局的认定和处理是正确的

D. 该组织所申请信息属于依法不应当公开的信息

156. 2015/2/79/多

沈某向住建委申请公开一企业向该委提交的某危改项目纳入危改范围的意见和申报材料。该委以信息中有企业联系人联系电话和地址等个人隐私为由拒绝公开,沈某起诉,法院受理。下列哪些说法是正确的?②

A. 在作出拒绝公开决定前,住建委无需书面征求企业联系人是否同意公开的意见

B. 本案的起诉期限为 6 个月

C. 住建委应对拒绝公开的根据及履行法定告知和说明理由义务的情况举证

D. 住建委拒绝公开答复合法

157. 2017/2/97/任

某环保联合会对某公司提起环境民事公益诉讼,因在诉讼中需要该公司的相关环保资料,遂向县环保局提出申请公开该公司的排污许可证、排污口数量和位置等有关环境信息。申请书中载明了单位名称、住所地、联系人及电话并加盖了公章、获取信息的方式等。县环保局收到申请后,要求环保联合会提供申请人身份的证明材料。环保联合会提供了社会团体登记证复

---

① AB(原答案为 B)。原为单选题,根据新法答案有变化,调整为多选题 ② BC

印件。县环保局以申请公开的内容不明确为由拒绝公开,该环保联合会遂提起行政诉讼。关于本案的信息公开申请及其处理,下列说法正确的是:①
A. 环保联合会可采用数据电文形式提出信息公开
B. 环保联合会不具有提出此信息公开申请的资格
C. 县环保局有权要求环保联合会提供申请人身份的证明材料
D. 县环保局认为申请内容不明确的,应告知环保联合会作出更改、补充

专题十一 行政复议

考点24 行政复议参加人与行政复议机关

158. 2019回忆/多
某公司工作人员张某下班途中发生车祸死亡,公司请求市劳动局予以工伤认定,劳动局驳回了其认定请求。张某妻子不服,向市政府申请复议。下列哪些说法是正确的?②
A. 工伤认定的性质为行政裁决
B. 张某妻子不具有申请人资格
C. 公司可委托代理人参加行政复议
D. 市政府发现劳动局决定违法,可以制作行政复议意见书

159. 2009/2/45/单
关于行政复议第三人,下列哪一选项是错误的?③
A. 第三人可以委托一至二名代理人参加复议
B. 第三人不参加行政复议,不影响复议案件的审理
C. 复议机关应为第三人查阅有关材料提供必要条件
D. 第三人与申请人逾期不起诉又不履行复议决定的强制执行制度不同

160. 2008/2/84/多
为严格本地生猪屠宰市场管理,某县政府以文件形式规定,凡本县所有猪类屠宰单位和个人,须在规定期限内到生猪管理办公室申请办理生猪屠宰证,违者予以警告或罚款。个体户张某未按文件规定申请办理生猪屠宰证,生猪管理办公室予以罚款200元。下列哪些说法是错误的?④

---

① ACD(原答案为AD) ② CD ③ D ④ ABC

A. 若张某在对罚款不服申请复议时一并对县政府文件提出审查申请,复议机关应当转送有权机关依法处理
B. 某县政府的文件属违法设定许可和处罚,有权机关应依据《行政处罚法》和《行政许可法》对相关责任人给予行政处分
C. 生猪管理办公室若以自己名义作出罚款决定,张某申请复议应以其为被申请人
D. 若张某直接向法院起诉,应以某县政府为被告

161. 2011/2/84/单

甲市乙区公安分局所辖派出所以李某制造噪声干扰他人正常生活为由,处以500元罚款。李某不服申请复议。下列哪一机关可以成为本案的复议机关?①

A. 乙区公安分局
B. 乙区政府
C. 甲市公安局
D. 甲市政府

162. 2009/2/98/任 新法改编

2002年底,王某按照县税务局要求缴纳税款12万元。2008年初,王某发现多缴税款2万元。同年7月5日,王某向县税务局提出退税书面申请。7月13日,县税务局向王某送达不予退税决定。王某在复议机关维持县税务局决定后向法院起诉。下列选项正确的是:②

A. 复议机关是县税务局的上一级税务局
B. 复议机关应自收到王某复议申请书之日起二个月内作出复议决定
C. 被告为县税务局
D. 是否适用《税收征收管理法》"纳税人自结算缴纳税款之日起三年内发现的,可以向税务机关要求退还多缴的税款"的规定,是本案审理的焦点之一

163. 2014/2/80/多

《反不正当竞争法》规定,当事人对监督检查部门作出的处罚决

---

① B(原答案为AB)。原为多选题,根据新法答案有变化,调整为单选题　② AD(原答案为ABCD)

定不服的,可以自收到处罚决定之日起 15 日内向上一级主管机关申请复议;对复议决定不服的,可以自收到复议决定书之日起 15 日内向法院提起诉讼;也可以直接向法院提起诉讼。某县工商局认定某企业利用广告对商品作引人误解的虚假宣传,构成不正当竞争,处 10 万元罚款。该企业不服,申请复议。下列哪些说法是正确的?①

A. 复议机关应当为该工商局的上一级工商局
B. 申请复议期间为 15 日
C. 如复议机关作出维持决定,该企业向法院起诉,起诉期限为 15 日
D. 对罚款决定,该企业可以不经复议直接向法院起诉

164． 2014/2/49/多

某区环保局因某新建水电站未报批环境影响评价文件,且已投入生产使用,给予其罚款 10 万元的处罚。水电站不服,申请复议,复议机关作出维持处罚的复议决定书。下列哪些说法是正确的?②

A. 复议机关应当为某区政府
B. 如复议期间案件涉及法律适用问题,需要有权机关作出解释,行政复议终止
C. 复议决定书一经送达,即发生法律效力
D. 水电站对复议决定不服向法院起诉,应由复议机关所在地的法院管辖

165． 2017/2/84/多

县食药局认定某公司用超保质期的食品原料生产食品,根据《食品安全法》没收违法生产的食品和违法所得,并处 5 万元罚款。公司不服申请行政复议。下列哪些说法是正确的?③

A. 公司可向市食药局申请行政复议,也可向县政府申请行政复议
B. 公司可委托 1 至 2 名代理人参加行政复议
C. 公司提出行政复议申请时错列被申请人的,行政复议机构应告知公司变更被申请人
D. 对县食药局的决定,申请行政复议是向法院起诉的必经前置程序

---

① CD ② AC(原答案为 C)。原为单选题,根据新法答案有变化,调整为多选题 ③ BC(原答案为 ABC)

考点 25 行政复议的申请

166. 2010/2/48/单

《环境保护法》规定,当事人对行政处罚决定不服,可以在接到处罚通知之日起15日内申请复议,也可以在接到处罚通知之日起15日内直接向法院起诉。某县环保局依据《环境保护法》对违法排污企业作出罚款处罚决定,该企业不服。对此,下列哪一说法是正确的?①

A. 如该企业申请复议,申请复议的期限应为60日
B. 如该企业直接起诉,提起诉讼的期限应为3个月
C. 如该企业逾期不缴纳罚款,县环保局可从该企业的银行账户中划拨相应款项
D. 如该企业逾期不缴纳罚款,县环保局可扣押该企业的财产并予以拍卖

167. 2016/2/48/单

某区食品药品监管局以某公司生产经营超过保质期的食品违反《食品安全法》为由,作出处罚决定。公司不服,申请行政复议。关于此案,下列哪一说法是正确的?②

A. 申请复议期限为60日
B. 公司不得以电子邮件形式提出复议申请
C. 行政复议机关不能进行调解
D. 公司如在复议决定作出前撤回申请,行政复议中止

考点 26 行政复议与行政诉讼的关系

168. 2013/2/83/多

当事人对下列哪些事项既可以申请行政复议也可以提起行政诉讼?③

A. 行政机关对民事纠纷的调解
B. 出入境边防检查机关对外国人采取的遣送出境措施
C. 是否征收反倾销税的决定
D. 税务机关作出的处罚决定

---

① A ② A ③ CD

169. 2008/2/82/多

肖某提出农村宅基地用地申请,乡政府审核后报县政府审批。肖某收到批件后,不满批件所核定的面积。下列哪些选项是正确的?①

A. 肖某须先申请复议,方能提起行政诉讼
B. 肖某申请行政复议,复议机关为县政府的上一级政府
C. 肖某申请行政复议,应当自签收批件之日起60日内提出复议申请
D. 肖某提起行政诉讼,县政府是被告,乡政府为第三人

170. 2008/2/85/多

某县地税局将个体户沈某的纳税由定额缴税变更为自行申报,并在认定沈某申报税额低于过去纳税额后,要求沈某缴纳相应税款、滞纳金,并处以罚款。沈某不服,对税务机关下列哪些行为可以直接向法院提起行政诉讼?②

A. 由定额缴税变更为自行申报的决定
B. 要求缴纳税款的决定
C. 要求缴纳滞纳金的决定
D. 罚款决定

171. 2005/2/44/单

甲省乙市人民政府决定征用乙市某村全部土地用于建设,甲省人民政府作出了批准乙市在该村征用土地的批复。其后,乙市规划建设局授予丁公司拆迁许可证,决定拆除该村一组住户的房屋。一组住户不服,欲请求救济。下列哪一种说法不正确?③

A. 住户对甲省人民政府征用土地的批复不服,应当先申请复议再提起诉讼
B. 住户可以对乙市人民政府征用补偿决定提起诉讼
C. 住户可以对乙市规划建设局授予丁公司拆迁许可证的行为提起诉讼
D. 住户可以请求甲省人民政府撤销乙市规划建设局授予丁公司拆迁许可证的行为

考点27 行政复议的审理

172. 2012/2/49/单

国务院某部对一企业作出罚款50万元的处罚。该企业不服,向

---

① BC ② CD ③ A

该部申请行政复议。下列哪一说法是正确的?①

A. 在行政复议中,不应对罚款决定的适当性进行审查
B. 企业委托代理人参加行政复议的,可以口头委托
C. 如在复议过程中企业撤回复议的,即不得再以同一事实和理由提出复议申请
D. 如企业对复议决定不服向国务院申请裁决,企业对国务院的裁决不服向法院起诉的,法院不予受理

173. 2013/2/50/单

甲市乙区政府决定征收某村集体土地100亩。该村50户村民不服,申请行政复议。下列哪一说法是错误的?②

A. 申请复议的期限为30日
B. 村民应推选1至5名代表参加复议
C. 甲市政府为复议机关
D. 如要求申请人补正申请材料,应在收到复议申请之日起5日内书面通知申请人

174. 2017/2/83/多

关于行政复议案件的审理和决定,下列哪些说法是正确的?③

A. 行政复议期间涉及专门事项需要鉴定的,当事人可自行委托鉴定机构进行鉴定
B. 对重大、复杂的案件,被申请人提出采取听证方式审理的,行政复议机构应采取听证方式审理
C. 申请人在行政复议决定作出前自愿撤回行政复议申请的,经行政复议机构同意,可以撤回
D. 行政复议人员调查取证时应向当事人或者有关人员出示证件

考点28 行政复议决定与执行

175. 2010/2/84/多

关于行政复议有关事项的处理,下列哪些说法是正确的?④

A. 申请人因不可抗力不能参加行政复议致行政复议中止满60日的,行

① D ② A ③ ABCD(原答案为ACD) ④ BD

政复议终止

B. 复议进行现场勘验的,现场勘验所用时间不计入复议审理期限
C. 申请人对行政拘留不服申请复议,复议期间因申请人同一违法行为涉嫌犯罪,该行政拘留变更为刑事拘留的,行政复议中止
D. 行政复议期间涉及专门事项需要鉴定的,当事人可以自行委托鉴定机构进行鉴定

176． 2008/2/45/单

某县政府依田某申请作出复议决定,撤销某县公安局对田某车辆的错误登记,责令在 30 日内重新登记,但某县公安局拒绝进行重新登记。田某可以采取下列哪一项措施?①

A. 申请法院强制执行
B. 对某县公安局的行为申请行政复议
C. 向法院提起行政诉讼
D. 请求某县政府责令某县公安局登记

177． 市工商局认定豪美公司的行为符合《广告法》第 28 条第 2 款第 2 项规定的"商品或者服务有关的允诺等信息与实际情况不符,对购买行为有实质性影响"情形,属发布虚假广告,予以行政处罚。豪美公司向市政府申请行政复议,市政府受理。

请回答第(1)、(2)题。

(1) 2016/2/97/任 新法改编

关于此案的复议,下列说法正确的是:②
A. 豪美公司委托代理人参加复议,应提交授权委托书
B. 应由 2 名以上行政复议人员参加审理
C. 市政府应为公司查阅有关材料提供必要条件
D. 如处罚决定认定事实不清,证据不足,市政府不得作出变更决定

(2) 2016/2/98/任 新法改编

如市政府在法定期限内不作出复议决定,下列说法正确的是:③
A. 有监督权的行政机关可督促市政府加以改正
B. 可对市政府负有责任的领导人员和直接负责人员依法给予警告、记

---

① D ② ABC ③ ABCD

过、记大过的行政处分

C. 豪美公司可向法院起诉要求市政府履行复议职责

D. 豪美公司可针对原处罚决定向法院起诉市工商局

178． `2015/2/80/多` 新法改编

某区工商分局对一公司未取得出版物经营许可证销售电子出版物100套的行为，予以取缔，并罚款6000元。该公司向区政府申请复议。下列哪些说法是正确的？①

A. 公司可委托代理人代为参加行政复议

B. 在复议过程中区工商分局不得自行向申请人和其他有关组织或个人收集证据

C. 区政府应采取听取当事人意见的方式审查此案

D. 如区工商分局的决定明显不当，区政府应予以撤销

179． `2007/2/48/多`

齐某不服市政府对其作出的决定，向省政府申请行政复议，市政府在法定期限内提交了答辩，但没有提交有关证据、依据。开庭时市政府提交了作出行政行为的法律和事实依据，并说明由于市政府办公场所调整，所以延迟提交证据。下列哪些选项是不正确的？②

A. 省政府应接受市政府延期提交的证据材料

B. 省政府应中止案件的审理

C. 省政府应撤销市政府的具体行政行为

D. 省政府应维持市政府的具体行政行为

专题十二　行政诉讼概述

考点29 行政诉讼与民事诉讼的关系

180． `2015/2/81/多`

法院审理行政案件，对下列哪些事项，《行政诉讼法》没有规定的，适用《民事诉讼法》的相关规定？③

A. 受案范围、管辖

---

① ABC(原答案为AB)　② ABCD(原答案为C)。原为单选题，根据新法答案有变化，调整为多选题　③ BCD

B. 期间、送达、财产保全
C. 开庭审理、调解、中止诉讼
D. 检察院对受理、审理、裁判、执行的监督

181. 2010/2/99/任

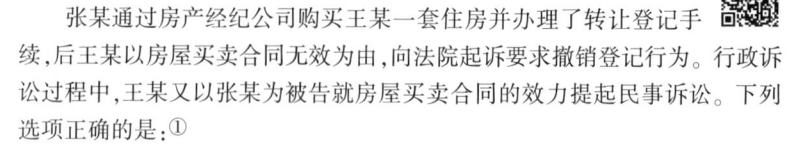

张某通过房产经纪公司购买王某一套住房并办理了转让登记手续,后王某以房屋买卖合同无效为由,向法院起诉要求撤销登记行为。行政诉讼过程中,王某又以张某为被告就房屋买卖合同的效力提起民事诉讼。下列选项正确的是:①

A. 本案行政诉讼中止,等待民事诉讼的判决结果
B. 法院可以决定民事与行政案件合并审理
C. 如法院判决房屋买卖合同无效,应当判决驳回王某的行政诉讼请求
D. 如法院判决房屋买卖合同有效,应当判决确认转让登记行为合法

考点30 行政附带民事诉讼

182. 2016/2/85/多

甲、乙两村因土地使用权发生争议,县政府裁决使用权归甲村。乙村不服向法院起诉撤销县政府的裁决,并请求法院判定使用权归乙村。关于乙村提出的土地使用权归属请求,下列哪些说法是正确的?②

A. 除非有正当理由的,乙村应于第一审开庭审理前提出
B. 法院作出不予准许决定的,乙村可申请复议一次
C. 法院应单独立案
D. 法院应另行组成合议庭审理

考点31 行政诉讼与刑事诉讼的关系

183. 2006/2/43/单

区工商局以涉嫌虚假宣传为由扣押了王某财产,王某不服诉至法院。在此案的审理过程中,法院发现王某涉嫌受贿犯罪需追究刑事责任。法院的下列哪种做法是正确的?③

A. 终止案件审理,将有关材料移送有管辖权的司法机关处理

① A ② AB ③ D

B. 继续审理,待案件审理终结后,将有关材料移送有管辖权的司法机关处理

C. 中止案件审理,将有关材料移送有管辖权的司法机关处理,待刑事诉讼程序终结后,恢复案件审理

D. 继续审理,将有关材料移送有管辖权的司法机关处理

专题十三 行政诉讼的受案范围

考点32 行政诉讼受案范围

184. （2020 回忆/多）

秦某下班路上驾驶摩托车侧翻倒地死亡,交警大队多次调查未查明事故原因。因为交通事故原因客观上无法查清,交警大队出具了《道路交通事故证明》,记载了人员、受伤时间、经过等情况。秦某所供职的玉竹公司向社会保障局申请工伤认定,该局以《道路交通事故证明》未查明原因为由不予认定工伤,出具了《工伤认定中止书》。秦某妻子对《工伤认定中止书》不服提起诉讼,下列哪些说法是正确的?①

A.《道路交通事故证明》为行政裁决

B.《工伤认定中止书》属于行政诉讼受案范围

C. 秦某妻子起诉时应当附身份证明

D. 玉竹公司可作为本案第三人

185. （2019 回忆/任）

甲公司向河水中超标排放污水,区环保局向其送达《限期整改通知》,要求其在规定时间内达标排放。期限届满,经过检测,甲公司排放污水仍然不符合国家标准,于是区环保局对该公司作出《水污染防治设施验收不合格认定书》,后责令该公司停业整改。甲公司就责令停业整顿提起行政诉讼,对此,下列说法正确的是:②

A.《限期整改通知》属于行政指导,不属于行政诉讼受案范围

B.《水污染防治设施验收不合格认定书》不属于行政诉讼受案范围

C. 区环保局作出责令停业整顿决定前,应当告知甲公司有申请听证的权利

---

① BCD ② C

D. 法院可以作出先予执行裁定

186. 2019 回忆/任

甲去某电信营业厅办理手机入网,被某电信公司收取了定价为 50 元的 SIM 卡卡费,甲认为将手机 SIM 卡定价为 50 元/张属于违法收费,要求市场监督管理局对该公司进行查处,退还自己被违法收取的 50 元卡费。市场监督管理局进行调查后答复:"省通管局和省发改委联合下发的《关于电信全业务套餐资费优化方案的批复》规定:SIM 卡收费上限标准:入网 50 元/张。我局非常感谢您对物价工作的支持和帮助。"下列选项正确的是:①

A. 甲的行为属于信访行为
B. 市场监督管理局的行为属于对信访问题的复查
C. 若甲对市场监督管理局的答复不服,可以提起行政诉讼
D. 甲可就《关于电信全业务套餐资费优化方案的批复》提起行政诉讼

187. 2012/2/85/多

法院应当受理下列哪些对政府信息公开行为提起的诉讼?②

A. 黄某要求市政府提供公开发行的 2010 年市政府公报,遭拒绝后向法院起诉
B. 某公司认为工商局向李某公开的政府信息侵犯其商业秘密向法院起诉
C. 村民申请乡政府公开财政收支信息,因乡政府拒绝公开向法院起诉
D. 甲市居民高某向乙市政府申请公开该市副市长的兼职情况,乙市政府以其不具有申请人资格为由拒绝公开,高某向法院起诉

188. 2008/2/44/单

下列哪一选项不属于行政诉讼的受案范围?③

A. 因某企业排污影响李某的鱼塘,李某要求某环保局履行监督职责,遭拒绝后向法院起诉
B. 某市政府发出通知,要求非本地生产乳制品须经本市技术监督部门检验合格方可在本地销售,违者予以处罚。某外地乳制品企业对通知提起诉讼
C. 刘某与某公司签订房屋预售合同,某区房管局对此进行预售预购登

① C ② BCD ③ B

记。后刘某了解到某公司向其销售的房屋系超出规划面积和预售面积房屋,遂以某区房管局违法办理登记为由提起诉讼

D.《公司登记管理条例》规定,设立公司应当先向工商登记管理机关申请名称预先核准。张某对名称预先核准决定不服提起诉讼

189. 2016/2/83/多

对于下列起诉,哪些不属于行政诉讼受案范围?①

A. 某公司与县政府签订天然气特许经营协议,双方发生纠纷后该公司以县政府不依法履行协议向法院起诉

B. 环保局干部孙某对定期考核被定为不称职向法院起诉

C. 李某与房屋征收主管部门签订国有土地上的房屋征收补偿安置协议,后李某不履行协议,房屋征收主管部门向法院起诉

D. 县政府发布全县征地补偿安置标准的文件,村民万某以文件确定的补偿标准过低为由向法院起诉

190. 2013/2/98/任

市林业局接到关于孙某毁林采矿的举报,遂致函当地县政府,要求调查。县政府召开专题会议形成会议纪要:由县林业局、矿产资源管理局与安监局负责调查处理。经调查并与孙某沟通,三部门形成处理意见:要求孙某合法开采,如发现有毁林或安全事故,将依法查处。再次接到举报后,三部门共同发出责令孙某立即停止违法开采,对被破坏的生态进行整治的通知。

就上述事件中的行为的属性及是否属于行政诉讼受案范围,下列说法正确的是:②

A. 市林业局的致函不具有可诉性

B. 县政府的会议纪要具有可诉性

C. 三部门的处理意见是行政合同行为

D. 三部门的通知具有可诉性

191. 2011/2/80/多

下列当事人提起的诉讼,哪些属于行政诉讼受案范围?③

---

① BCD ② AD ③ ACD

A. 某造纸厂向市水利局申请发放取水许可证,市水利局作出不予许可决定,该厂不服而起诉

B. 食品药品监管局向申请餐饮服务许可证的李某告知补正申请材料的通知,李某认为通知内容违法而起诉

C. 化肥厂附近居民要求环保局提供对该厂排污许可证监督检查记录,遭到拒绝后起诉

D. 某国土资源局以建城市绿化带为由撤回向一公司发放的国有土地使用权证,该公司不服而起诉

192． 2015/2/98/任

下列选项属于行政诉讼受案范围的是:①

A. 方某在妻子失踪后向公安局报案要求立案侦查,遭拒绝后向法院起诉确认公安局的行为违法

B. 区房管局以王某不履行双方签订的房屋征收补偿协议为由向法院起诉

C. 某企业以工商局滥用行政权力限制竞争为由向法院起诉

D. 黄某不服市政府发布的征收土地补偿费标准直接向法院起诉

193． 2017/2/49/单

下列哪一选项属于法院行政诉讼的受案范围?②

A. 张某对劳动争议仲裁裁决不服向法院起诉的

B. 某外国人对出入境边检机关实施遣送出境措施不服申请行政复议,对复议决定不服向法院起诉的

C. 财政局工作人员李某对定期考核为不称职不服向法院起诉的

D. 某企业对县政府解除与其签订的政府特许经营协议不服向法院起诉的

专题十四　行政诉讼的管辖

考点33　级别管辖

194． 2020回忆/单

某区市场监督管理局以生产不符合标准的运动服为由对某公司处以罚款6000元,没收违法所得2万元,某公司不服向区政府申请复议,区政

---

① C　② D

刷题表	时 间	题号	一刷	二刷	题号	一刷	二刷	题号	一刷	二刷	题号	一刷	二刷

府将没收违法所得改为1万元后,维持了其他处罚。某公司不服提起诉讼。下列哪一说法是正确的?①

A. 本案被告是区市场监督管理局
B. 本案可以由区市场监督管理局所在地的中院管辖
C. 没收违法所得是行为罚
D. 如果该公司拒绝缴纳罚款,区市场监督管理局可对其加处罚款,但加处罚款的标准要告知公司

195． 2011/2/100/任

甲县政府设立的临时机构基础设施建设指挥部,认定有10户居民的小区自建的围墙及附属房系违法建筑,指令乙镇政府具体负责强制拆除。10户居民对此决定不服起诉。下列说法正确的是:②

A. 本案被告为乙镇政府
B. 本案应由中级法院管辖
C. 如10户居民在指定期限内未选定诉讼代表人的,法院可以依职权指定
D. 如10户居民对此决定申请复议,复议机关为甲县政府

196． 2016/2/49/单

某区卫计局以董某擅自开展诊疗活动为由作出没收其违法诊疗工具并处5万元罚款的处罚。董某向区政府申请复议,区政府维持了原处罚决定。董某向法院起诉。下列哪一说法是正确的?③

A. 如董某只起诉区卫计局,法院应追加区政府为第三人
B. 本案应以区政府确定案件的级别管辖
C. 本案可由区卫计局所在地的法院管辖
D. 法院应对原处罚决定和复议决定进行合法性审查,但不对复议决定作出判决

考点34 地域管辖

197 2022 回忆/多

县公安局发现陈某吸毒,决定对陈某施行强制隔离戒毒。陈某不服,在强制隔离戒毒期间提起行政诉讼。下列哪些说法是正确的?④

---

① D ② BC ③ C ④ BCD

A. 强制隔离戒毒是行政强制执行
B. 强制隔离戒毒只能由法律设定
C. 陈某可以口头委托其近亲属以陈某名义提起行政诉讼
D. 陈某经常居住地法院对本案有管辖权

198. 2012/2/79/多

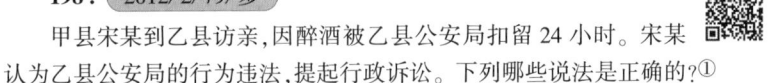

甲县宋某到乙县访亲,因醉酒被乙县公安局扣留24小时。宋某认为乙县公安局的行为违法,提起行政诉讼。下列哪些说法是正确的?①

A. 扣留宋某的行为为行政处罚
B. 甲县法院对此案有管辖权
C. 乙县法院对此案有管辖权
D. 宋某的亲戚为本案的第三人

199. 2009/2/86/多

黄某与张某之妻发生口角,被张某打成轻微伤。某区公安分局决定对张某拘留五日。黄某认为处罚过轻遂向法院起诉,法院予以受理。下列哪些选项是正确的?②

A. 某区公安分局在给予张某拘留处罚后,应及时通知其家属
B. 张某之妻为本案的第三人
C. 本案既可以由某区公安分局所在地的法院管辖,也可以由黄某所在地的法院管辖
D. 张某不符合申请暂缓执行拘留的条件

200. 2008/2/83/单

A市李某驾车送人前往B市,在B市甲区与乙区居民范某的车相撞,并将后者打伤。B市甲区公安分局决定扣留李某的汽车,对其拘留5日并处罚款300元。下列哪一选项是正确的?③

A. 李某可向B市公安局申请行政复议
B. 对扣留汽车行为,李某可向甲区人民法院起诉
C. 李某应先申请复议,方能提起行政诉讼
D. 范某可向乙区人民法院起诉

---

① BC ② AD ③ B(原答案为AB)。原为多选题,根据新法答案有变化,调整为单选题

201． 2007/2/39/单

甲、乙两村分别位于某市两县境内,因土地权属纠纷向市政府申请解决,市政府裁决争议土地属于甲村所有。乙村不服,向省政府申请复议,复议机关确认争议的土地属于乙村所有。甲村不服行政复议决定,提起行政诉讼。下列哪个法院对本案有管辖权?①

A. 争议土地所在地的基层人民法院
B. 争议土地所在地的中级人民法院
C. 市政府所在地的基层人民法院
D. 省政府所在地的中级人民法

专题十五 行政诉讼参加人

考点 35 行政诉讼的原告

202． 2012/2/46/单

经王某请求,国家专利复审机构宣告授予李某的专利权无效,并于2011年5月20日向李某送达决定书。6月10日李某因交通意外死亡。李某妻子不服决定,向法院提起行政诉讼。下列哪一说法是正确的?②

A. 李某妻子应以李某代理人身份起诉
B. 法院应当通知王某作为第三人参加诉讼
C. 本案原告的起诉期限为60日
D. 本案原告应先申请行政复议再起诉

203． 2013/2/82/多

一公司为股份制企业,认为行政机关作出的决定侵犯企业经营自主权,下列哪些主体有权以该公司的名义提起行政诉讼?③

A. 股东 B. 股东大会
C. 股东代表大会 D. 董事会

204． 2009/2/47/单

某市工商局发现,某中外合资游戏软件开发公司生产的一种软件带有暴力和色情内容,决定没收该软件,并对该公司处以三万元罚款。中方投

---

① B ② B ③ BCD

资者接受处罚,但外方投资者认为处罚决定既损害公司的利益也侵害自己的权益,向法院提起行政诉讼。下列哪一选项是正确的?①

A. 外方投资者只能以合资公司的名义起诉
B. 外方投资者可以自己的名义起诉
C. 法院受理外方投资者起诉后,应追加未起诉的中方投资者为共同原告
D. 外方投资者只能以保护自己的权益为由提起诉讼

205. 2008/2/86/多

甲厂是某市建筑装潢公司下属的独立核算的集体企业,2007年1月某市建筑装潢公司经批准与甲厂脱离隶属关系。2007年4月,行政机关下达文件批准某市建筑装潢公司的申请,将甲厂并入另一家集体企业乙厂。对此行为,下列何者有权向法院起诉?②

A. 甲厂
B. 乙厂
C. 甲厂法定代表人
D. 乙厂法定代表人

206. 2008/2/100/任

甲公司与乙公司开办中外合资企业丙公司,经营房地产。因急需周转资金,丙公司与某典当行签订合同,以某宗国有土地作抵押贷款。典当期满后,丙公司未按约定回赎,某典当行遂与丁公司签订协议,将土地的使用权出售给丁公司。经丁公司申请,2001年4月17日市国土局的派出机构办理土地权属变更登记。丙公司未参与变更土地登记过程。2008年3月3日甲公司查询土地抵押登记情况,得知该土地使用权已变更至丁公司名下。甲公司对变更土地登记行为不服向法院起诉。下列说法正确的是:③

A. 甲公司有权以自己的名义起诉
B. 若丙公司对变更土地登记行为不服,应当自2008年3月3日起3个月内起诉
C. 丙公司与某典当行签订的合同是否合法,是本案的审理对象
D. 对市国土局与派出机构之间的关系性质,法院可以依法调取证据

---

① B ② ABCD ③ AD

207． 2007/2/40/多

甲市政府批复同意本市乙区政府征用乙区某村丙小组非耕地63亩，并将其中48亩使用权出让给某公司用于建设商城。该村丙小组袁某等村民认为，征地中有袁某等32户村民的责任田32亩，区政府虽以耕地标准进行补偿但以非耕地报批的做法违法，遂向法院提起行政诉讼。下列哪些选项是正确的？①

A. 袁某等32户村民可以以某村丙小组的名义起诉
B. 袁某等32户村民可以以自己名义起诉
C. 应当以乙区人民政府为被告
D. 法院经审理如果发现征地批复违法，应当判决撤销

考点36 行政诉讼的被告

208． 2022回忆/任

甲公司在生产经营中存在用非食品原料生产食品的违法行为，某县市场监督管理局对其作出没收用于违法生产经营的非食品原料和违法所得，并罚款10万元的行政处罚。甲公司不服向县政府申请复议，县政府将罚款改为8万元后，维持了其他处罚。甲公司不服提起诉讼。下列说法错误的是：②

A. 本案被告是县市场监督管理局
B. 本案可以由县市场监督管理局所在地的中级法院管辖
C. 没收违法生产经营的非食品原料是行为罚
D. 如果甲公司以县政府为被告提起诉讼且拒绝追加被告，法院应当追加县市场监督管理局为共同被告

209． 2020回忆/单

甲县政府认为某广告公司在高速公路设置的广告牌妨碍视线，责令其限期拆除，广告公司逾期未拆除，甲县乙镇政府自行组织人员拆除了广告牌。广告公司将甲县政府诉至法院，要求确认强制拆除行为违法。对此，下列哪一项说法是正确的？③

A. 法院应当通知乙镇政府作为第三人参加诉讼

---

① BD ② ABC ③ B

B. 法院应当通知广告公司变更乙镇政府作为被告

C. 法院应当将乙镇政府追加为共同被告

D. 若拆除行为违法,广告公司提出赔偿请求的,法院应当进行调解,调解不成的,告知就赔偿事项另行起诉

210. （2019 回忆/多）

甲为区城管局工作人员,在执法过程中与商贩乙发生肢体冲突,将乙打成轻微伤。区公安局对甲作出拘留 5 天、罚款 500 元的处罚决定。甲向区政府申请复议,区政府认为甲打伤乙属于职务行为,遂撤销了区公安局的处罚决定。乙不服,提起诉讼。下列哪些选项是正确的?①

A. 本案争议焦点是甲的行为是否属于职务行为

B. 被告可就打人一事提起反诉

C. 本案被告是区政府

D. 乙可以成为第三人

211. （2012/2/97/任） 新法改编

某药厂以本厂过期药品作为主原料,更改生产日期和批号生产出售。甲市乙县药监局以该厂违反《药品管理法》第 49 条第 1 款关于违法生产药品规定,决定没收药品并处罚款 20 万元。药厂不服向县政府申请复议,县政府依《药品管理法》第 49 条第 3 款关于生产劣药行为的规定,决定维持处罚决定。药厂起诉。关于本案的被告和管辖,下列说法正确的是:②

A. 被告为乙县药监局和乙县政府,由乙县法院管辖

B. 被告为乙县药监局和乙县政府,甲市中级法院对此案有管辖权

C. 被告为乙县政府,乙县法院对此案有管辖权

D. 被告为乙县政府,由甲市中级法院管辖

212. （2013/2/100/任）

村民甲、乙因自留地使用权发生争议,乡政府作出处理决定,认定使用权归属甲。乙不服向县政府申请复议,县政府以甲乙二人争议属于农村土地承包经营纠纷,乡政府无权作出处理决定为由,撤销乡政府的决定。甲不服向法院起诉。下列说法正确的是:③

A. 县政府撤销乡政府决定的同时应当确定系争土地权属

---

① ACD ② A(原答案为 D) ③ BCD(原答案为 BC)

B. 甲的代理人的授权委托书应当载明委托事项和具体权限
C. 本案被告为县政府
D. 乙与乡政府为本案的第三人

213． 2010/2/86/任

县计生委认定孙某违法生育第二胎,决定对孙某征收社会抚养费40000元。孙某向县政府申请复议,要求撤销该决定。县政府维持该决定,并在征收总额中补充列入遗漏的3000元未婚生育社会抚养费。孙某不服,向法院起诉。下列哪些选项是正确的?①

A. 此案的被告应为县计生委与县政府
B. 此案应由中级法院管辖
C. 此案的复议决定违法
D. 被告应当在收到起诉状副本之日起10日内提交答辩状

214． 2007/2/44/单

某派出所以扰乱公共秩序为由扣押了高某的拖拉机。高某不服,以派出所为被告提起行政诉讼。诉讼中,法院认为被告应是县公安局,要求变更被告,高某不同意。法院下列哪种做法是正确的?②

A. 以派出所为被告继续审理本案
B. 以县公安局为被告审理本案
C. 裁定驳回起诉
D. 裁定终结诉讼

考点37 行政诉讼第三人

215． 2012/2/82/多

村民甲带领乙、丙等人,与造纸厂协商污染赔偿问题。因对提出的赔偿方案不满,甲、乙、丙等人阻止生产,将工人李某扣伤。公安局接该厂厂长举报,经调查后决定对甲拘留15日、乙拘留5日,对其他人未作处罚。甲向法院提起行政诉讼,法院受理。下列哪些人员不能成为本案的第三人?③

A. 丙 B. 乙
C. 李某 D. 造纸厂厂长

---
① BC(原答案为BCD) ② C ③ AD

刷题表	时 间	题号	一刷	二刷	题号	一刷	二刷	题号	一刷	二刷	题号	一刷	二刷

216. 2009/2/46/多 新法改编

李某从田某处购得一辆轿车,但未办理过户手续。在一次查验过程中,某市公安局认定该车系走私车,予以没收。李某不服,向市政府申请复议,后者维持了没收决定。李某提起行政诉讼。下列哪些选项是正确的?①

A. 市政府为本案的被告
B. 田某不能成为本案的第三人
C. 市公安局所在地的法院对本案有管辖权
D. 市政府所在地的法院对本案有管辖权

217. 2009/2/84/多

段某拥有两块山场的山林权证。林改期间,王某认为该山场是自家的土改山,要求段某返还。经村委会协调,段某同意把部分山场给与王某,并签订了协议。事后,段某反悔,对协议提出异议。王某请镇政府调处,镇政府依王某提交的协议书复印件,向王某发放了山林权证。段某不服,向县政府申请复议,在县政府作出维持决定后向法院起诉。下列哪些选项是正确的?②

A. 对镇政府的行为,段某不能直接向法院提起行政诉讼
B. 县政府为本案第三人
C. 如当事人未能提供协议书原件,法院不能以协议书复印件单独作为定案依据
D. 如段某与王某在诉讼中达成新的协议,可视为本案被诉具体行政行为发生改变

218. 2007/2/80/单

区城乡建设局批复同意某银行住宅楼选址,并向其颁发许可证。拟建的住宅楼与张某等120户居民居住的住宅楼间距为9.45米。张某等20人认为该批准行为违反了国家有关规定,向法院提起了行政诉讼。对此,下列哪一选项是错误的?③

A. 因该批准行为涉及张某等人相邻权,故张某等人有权提起行政诉讼
B. 张某等20户居民应当推选2至5名诉讼代表人参加诉讼
C. 法院可以通知未起诉的100户居民作为第三人参加诉讼

---

① CD(原答案为C)。原为单选题,根据新法答案有变化,调整为多选题 ② AC ③ C (原答案为BC)。原为多选题,根据新法答案有变化,调整为单选题

· 68 ·

D. 张某等20户居民应当提供符合法定起诉条件的证据材料

专题十六 行政诉讼程序

考点38 行政诉讼的起诉期限

219. 2014/2/84/单

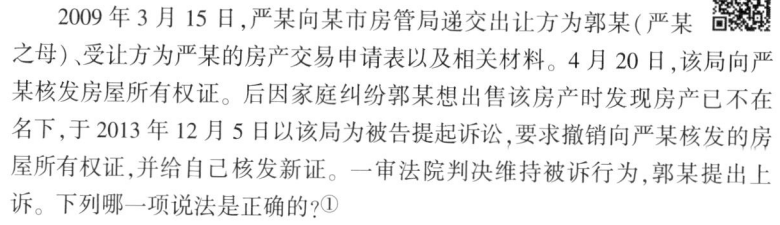

2009年3月15日,严某向某市房管局递交出让方为郭某(严某之母)、受让方为严某的房产交易申请表以及相关材料。4月20日,该局向严某核发房屋所有权证。后因家庭纠纷郭某想出售该房产时发现房产已不在名下,于2013年12月5日以该局为被告提起诉讼,要求撤销向严某核发的房屋所有权证,并给自己核发新证。一审法院判决维持被诉行为,郭某提出上诉。下列哪一项说法是正确的?①

A. 本案的起诉期限为2年

B. 本案的起诉期限从2009年4月20日起算

C. 如诉讼中郭某解除对诉讼代理人的委托,在其书面报告法院后,法院应当通知其他当事人

D. 第二审法院应对一审法院的裁判和被诉具体行政行为是否合法进行全面审查

220. 2017/2/98/任 新法改编

某环保联合会对某公司提起环境民事公益诉讼,因在诉讼中需要该公司的相关环保资料,遂向县环保局提出申请公开该公司的排污许可证、排污口数量和位置等有关环境信息。申请书中载明了单位名称、住所地、联系人及电话并加盖了公章、获取信息的方式等。县环保局收到申请后,要求环保联合会提供申请人身份的证明材料。环保联合会提供了社会团体登记证复印件。县环保局以申请公开的内容不明确为由拒绝公开,环保联合会不服,向县政府申请复议,县政府予以维持,该环保联合会遂提起行政诉讼。

关于本案的起诉,下列说法正确的是:②

A. 本案由县环保局所在地法院或者环保联合会所在地的法院管辖

B. 起诉期限为6个月

C. 如法院当场不能判定起诉是否符合条件的,应接受起诉状,出具注明

---

① D(原答案为CD)。原为多选题,根据新法答案有变化,调整为单选题 ② BC

收到日期的书面凭证,并在 7 日内决定是否立案

D. 如法院当场不能判定起诉是否符合条件,经 7 日内仍不能作出判断的,应裁定暂缓立案

考点39 行政诉讼的受理

221. `2009/2/100/任` 新法改编

郑某因某厂欠缴其社会养老保险费,向区社保局投诉。2004 年 9 月 22 日,该局向该厂送达《决定书》,要求为郑某缴纳养老保险费 1 万元。同月 30 日,该局向郑某送达告知书,称其举报一事属实,并要求他缴纳养老保险费(个人缴纳部分)2000 元。郑某不服区社保局的《决定书》向法院起诉,法院的生效判决未支持郑某的请求。2005 年 4 月 19 日,郑某不服告知书向区政府申请复议,后者作出不予受理决定,郑某不服提起诉讼。下列选项正确的是:①

A. 郑某向区政府提出的复议申请已超过申请期限

B. 区政府所在地的法院对本案有管辖权

C. 郑某的起诉属重复起诉

D. 如郑某对告知书不服直接向法院起诉,法院可以被诉行为系重复处理行为为由不受理郑某的起诉

222. `2010/2/100/任`

2006 年 5 月 9 日,县公安局以甲偷开乙的轿车为由,向其送达 1000 元罚款的处罚决定书。甲不服,于同月 19 日向县政府申请行政复议。6 月 8 日,复议机关同意甲撤回复议申请。6 月 20 日,甲就该处罚决定向法院提起行政诉讼。下列说法正确的是:②

A. 对甲偷开的轿车县公安局可以扣押

B. 如甲能够证明撤回复议申请违背其真实意思表示,可以同一事实和理由再次对该处罚决定提出复议申请

C. 甲逾期不缴纳 1000 元罚款,县公安局可以每日按罚款数额的 3% 加处罚款

D. 法院不应当受理甲的起诉

---

① AB(原答案为 A)　② BC

223. 2017/2/42/单

李某和钱某参加省教委组织的"省中小学教师自学考试",后省教委以"通报"形式,对李某、钱某等4名作弊考生进行了处理,并通知当次考试各科成绩作废,3年之内不准报考。李某、钱某等均得知该通报内容。李某向省政府递交了行政复议申请书,省政府未予答复。李某诉至法院。下列哪一选项是错误的?①

A. 法院应当受理李某对通报不服提起的诉讼

B. 李某对省教委提起诉讼后,法院可以通知钱某作为第三人参加诉讼

C. 法院应当受理李某对省政府不予答复行为提起的诉讼

D. 钱某在诉讼程序中提供的、被告在行政程序中未作为处理依据的证据可以作为认定被诉处理决定合法的依据

考点40 第一审普通程序

224. 2006/2/83/多

1997年沈某取得一房屋的房产证。2001年5月其儿媳李某以委托代理人身份到某市房管局办理换证事宜,在申请书一栏中填写"房屋为沈某、沈某某(沈某的儿子)共有",但沈某后领取的房产证中在共有人一栏空白。2005年沈某将此房屋卖给赵某,并到某市房管局办理了房屋转移登记手续,赵某领取了房产证。沈某某以他是该房屋的共有人为由向某市人民政府申请复议,某市人民政府以房屋转移登记事实不清撤销了房屋登记。赵某和沈某不服,向法院提起行政诉讼。下列哪些说法是正确的?②

A. 沈某某和李某为本案的第三人

B. 某市房管局办理此房屋转移登记行为是否合法不属本案的审查对象

C. 某市房管局为沈某办理换证行为是否合法不属本案的审查对象

D. 李某是否有委托代理权是法院审理本案的核心

考点41 行政诉讼简易程序

225. 2023回忆/单

某区市场监管局以个体户周某销售不合格食品为由,对其作出罚款2000元的决定。周某未在法定期限内到指定银行缴纳罚款,且向区政府申

① D ② BC

刷题表	时　间	题号	一刷	二刷	题号	一刷	二刷	题号	一刷	二刷	题号	一刷	二刷

请行政复议,区政府作出复议维持决定。周某以区市场监管局为被告向法院提起诉讼,法院通知周某追加区政府为被告,周某不同意。对此,下列哪一说法是正确的?①

A. 法院应当将区政府列为第三人
B. 法院可以适用简易程序审理本案
C. 由区市场监管局对罚款行为的合法性承担举证责任
D. 诉讼期间对周某的加处罚款连续计算

226． 2022 回忆/多

李某向市国土局申请公开其房屋所在区域土地进行征收的相关政府信息,但国土局超过法定期限未予公开。李某向市政府申请复议,市政府认为相关内容涉密,决定不予公开。李某不服复议决定,提起诉讼,法院适用简易程序对本案进行了审理。下列哪些选项是正确的?②

A. 如果当事人双方协商举证期限的,法院应当适用其协商的期限
B. 法院可以短信方式送达裁判文书
C. 法院可以通过电话传唤当事人到庭参加诉讼
D. 若李某对市国土局未予公开政府信息的行为直接提起诉讼,法院应当不予受理

227． 2017/2/99/任

某环保联合会对某公司提起环境民事公益诉讼,因在诉讼中需要该公司的相关环保资料,遂向县环保局提出申请公开该公司的排污许可证、排污口数量和位置等有关环境信息。申请书中载明了单位名称、住所地、联系人及电话并加盖了公章、获取信息的方式等。县环保局收到申请后,要求环保联合会提供申请人身份的证明材料。环保联合会提供了社会团体登记证复印件。县环保局以申请公开的内容不明确为由拒绝公开,该环保联合会遂提起行政诉讼。

若法院受理此案,关于此案的审理,下列说法正确的是:③

A. 法院审理第一审行政案件,当事人各方同意适用简易程序的,可适用简易程序
B. 县环保局负责人出庭应诉的,可另委托 1 至 2 名诉讼代理人

① B　② CD　③ ABC

C. 县环保局应当对拒绝的根据及履行法定告知和说明理由义务的情况举证
D. 法院应要求环保联合会对其所申请的信息与其自身生产、生活、科研等需要的相关性进行举证

228. 2016/2/84/多

交警大队以方某闯红灯为由当场处以50元罚款,方某不服起诉。法院适用简易程序审理。关于简易程序,下列哪些说法是正确的?①

A. 由审判员一人独任审理
B. 法院应在立案之日起30日内审结,有特殊情况需延长的经批准可延长
C. 法院在审理过程中发现不宜适用简易程序的,裁定转为普通程序
D. 对适用简易程序作出的判决,当事人不得提出上诉

229. 2016/2/47/单

甲公司与乙公司发生纠纷向工商局申请公开乙公司的工商登记信息。该局公开了乙公司的名称、注册号、住所、法定代表人等基本信息,但对经营范围、从业人数、注册资本等信息拒绝公开。甲公司向法院起诉,法院受理。关于此事,下列哪一说法是正确的?②

A. 甲公司应先向工商局的上一级工商局申请复议,对复议决定不服再向法院起诉
B. 工商局应当对拒绝公开的依据以及履行法定告知和说明理由义务的情况举证
C. 本案审理不适用简易程序
D. 因相关信息不属政府信息,拒绝公开合法

专题十七 行政诉讼证据

考点42 举证责任

230. 2022回忆/任

镇政府趁姜某不在家时,在夜间对姜某违章修建的房屋进行了强

---

① AC ② B

制拆除。姜某起诉要求法院确认强制拆除行为违法,并赔偿房屋内物品的损失。姜某提供了过路村民卢某的证言,证明房屋是在夜间被强制拆除的。镇政府提供了工作人员谢某的证言,证明房屋不是夜间被拆除的。以下说法正确的是:①

A. 卢某的证言优于谢某的证言
B. 姜某应对自己的损失承担举证责任
C. 姜某的房屋是违章建筑,镇政府不需要赔偿姜某损失
D. 如果强制拆除行为违法,法院应当予以撤销

231. 2012/2/81/多
田某认为区人社局记载有关他的社会保障信息有误,要求更正,该局拒绝。田某向法院起诉。下列哪些说法是正确的?②

A. 田某应先申请行政复议再向法院起诉
B. 区人社局应对拒绝更正的理由进行举证和说明
C. 田某应提供区人社局记载有关他的社会保障信息有误的事实根据
D. 法院应判决区人社局在一定期限内更正

232. 2010/2/89/多
市城管执法局委托镇政府负责对一风景区域进行城管执法。镇政府接到举报并经现场勘验,认定刘某擅自建房并组织强制拆除。刘某父亲和嫂子称房屋系二人共建,拆除行为侵犯合法权益,向法院起诉,法院予以受理。关于此案,下列哪些说法是正确的?③

A. 此案的被告是镇政府
B. 刘某父亲和嫂子应当提供证据证明房屋为二人共建或与拆除行为有利害关系
C. 如法院对拆除房屋进行现场勘验,应当邀请当地基层组织或当事人所在单位派人参加
D. 被告应当提供证据和依据证明有拆除房屋的决定权和强制执行的权力

233. 2012/2/98/任
某药厂以本厂过期药品作为主原料,更改生产日期和批号生产出

① A ② BC ③ BCD

售。甲市乙县药监局以该厂违反《药品管理法》第49条第1款关于违法生产药品规定,决定没收药品并处罚款20万元。药厂不服向县政府申请复议,县政府依《药品管理法》第49条第3款关于生产劣药行为的规定,决定维持处罚决定。药厂起诉。关于本案的举证与审理裁判,下列说法正确的有:①

A. 法院应对被诉行政行为和药厂的行为是否合法一并审理和裁判
B. 药厂提供的证明被诉行政行为违法的证据不成立的,不能免除被告对被诉行政行为合法性的举证责任
C. 如在本案庭审过程中,药厂要求证人出庭作证的,法院不予准许
D. 法院对本案的裁判,应当以证据证明的案件事实为依据

考点43 证据的种类及提供证据的要求

234. 2014/2/98/任

经夏某申请,某县社保局作出认定,夏某晚上下班途中驾驶摩托车与行人发生交通事故受重伤,属于工伤。夏某供职的公司认为其发生交通事故系醉酒所致,向法院起诉要求撤销认定。某县社保局向法院提交了公安局交警大队交通事故认定书、夏某住院的病案和夏某同事孙某的证言。下列说法正确的是:②

A. 夏某为本案的第三人
B. 某县社保局提供的证据均系书证
C. 法院对夏某住院的病案是否为原件的审查,系对证据真实性的审查
D. 如有证据证明交通事故确系夏某醉酒所致,法院应判决撤销某县社保局的认定

235. 2007/2/84/多

县烟草专卖局发现刘某销售某品牌外国香烟,执法人员表明了自己的身份,并制作了现场笔录。因刘某拒绝签名,随行电视台记者张某作为见证人在笔录上签名,该局当场制作《行政处罚决定书》,没收15条外国香烟。刘某不服该决定,提起行政诉讼。诉讼中,县烟草专卖局向法院提交了现场笔录、县电视台拍摄的现场录像、张某的证词。下列哪些选项是正确的?③

A. 现场录像应当提供原始载体
B. 张某的证词有张某的签字后,即可作为证人证言使用

---

① BD ② ACD ③ AD

C. 现场笔录必须有执法人员和刘某的签名
D. 法院收到县烟草专卖局提供的证据应当出具收据,由经办人员签名或盖章

考点44 证据的保全

236. 2009/2/87/多

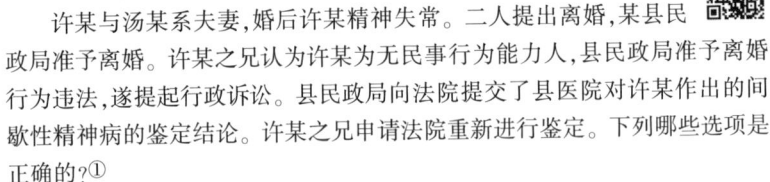

许某与汤某系夫妻,婚后许某精神失常。二人提出离婚,某县民政局准予离婚。许某之兄认为许某为无民事行为能力人,县民政局准予离婚行为违法,遂提起行政诉讼。县民政局向法院提交了县医院对许某作出的间歇性精神病的鉴定结论。许某之兄申请法院重新进行鉴定。下列哪些选项是正确的?①

A. 原告需对县民政局准予离婚行为违法承担举证责任
B. 鉴定结论应有鉴定人的签名和鉴定部门的盖章
C. 当事人申请法院重新鉴定可以口头提出
D. 当事人申请法院重新鉴定应当在举证期限内提出

237. 2007/2/45/单

关于行政诉讼中的证据保全申请,下列哪一选项是正确的?②

A. 应当在第一次开庭前以书面形式提出
B. 应当在举证期限届满前以书面形式提出
C. 应当在举证期限届满前以口头形式提出
D. 应当在第一次开庭前以口头形式提出

考点45 质证及证据的审核认定

238. 2008/2/50/单

某区城管执法局以甲工厂的房屋建筑违法为由强行拆除,拆除行为被认定违法后,甲工厂要求某区城管执法局予以赔偿,遭到拒绝后向法院起诉。甲工厂除提供证据证明房屋损失外,还提供了甲工厂工人刘某与当地居民谢某的证言,以证明房屋被拆除时,房屋有办公用品、机械设备未搬出,应予赔偿。某区城管执法局提交了甲工厂工人李某和执法人员张某的证言,以证明房屋内没有物品。下列哪一选项是正确的?③

---

① BD ② B ③ A

刷题表	时　间	题号	一刷	二刷	题号	一刷	二刷	题号	一刷	二刷	题号	一刷	二刷

A. 法院不能因李某为甲工厂工人而不采信其证言

B. 法院收到甲工厂提交的证据材料,应当出具收据,由经办人员签名并加盖法院印章

C. 张某的证言优于谢某的证言

D. 在庭审过程中,甲工厂要求刘某出庭作证,法院应不予准许

239. (2008/2/89/多)

某市卫生局经调查取证,认定某公司实施了未经许可擅自采集血液的行为,依据有关法律和相关规定,决定取缔该公司非法采集血液的行为,同时没收5只液氮生物容器。下列哪些说法是正确的?①

A. 市卫生局在调查时,执法人员不得少于两人,并应当向当事人出示证件

B. 若市卫生局当场作出决定,某公司不服申请复议的期限应自决定作出之日起计算

C. 若某公司起诉,市卫生局向法院提供的现场笔录的效力,优于某公司的证人对现场的描述

D. 没收5只液氮生物容器属于保全措施

240. (2015/2/84/多)

梁某酒后将邻居张某家的门、窗等物品砸坏。县公安局接警后,对现场进行拍照、制作现场笔录,并请县价格认证中心作价格鉴定意见,对梁某作出行政拘留8日处罚。梁某向法院起诉,县公安局向法院提交照片、现场笔录和鉴定意见。下列哪些说法是正确的?②

A. 照片为书证

B. 县公安局提交的现场笔录无当事人签名的,不具有法律效力

C. 县公安局提交的鉴定意见应有县价格认证中心的盖章和鉴定人的签名

D. 梁某对现场笔录的合法性有异议的,可要求县公安局的相关执法人员作为证人出庭作证

241. (2005/2/45/单) 新法改编

黄某在与陈某的冲突中被陈某推倒后摔成轻微伤,甲县公安局以此

---

① ABC　② AC(原答案为ACD)

| 刷题表 | 时 间 | 题号 | 一刷 | 二刷 | 题号 | 一刷 | 二刷 | 题号 | 一刷 | 二刷 | 题号 | 一刷 | 二刷 |

对陈某作出行政拘留 15 日的决定。陈某不服申请复议,甲县政府经调查并补充了王某亲眼看到黄某摔伤的证言后维持了原处罚决定。陈某向法院提起诉讼。庭审中,陈某提出该处罚未经过负责人集体讨论,一审法院遂要求被告补充提供该处罚由负责人集体讨论决定的记录。下列哪一种说法是正确的?①

A. 本案被告是甲县政府
B. 王某的证言只能作为证明甲县政府的复议决定合法的证据
C. 法院要求被告补充记录的做法不符合法律规定
D. 法院对被告提供的记录形成时间所作的审查不属于对证据的关联性审查

专题十八　行政诉讼的法律适用

考点46 行政诉讼的法律适用

242． 2019 回忆/多

2019 年 2 月,国务院发布了《关于在市场监管领域全面推行部门联合"双随机、一公开"监管的意见》(国发〔2019〕5 号)。对此,下列说法是正确的?②

A. 该意见为行政法规
B. 该意见可以作为法官裁判的依据
C. 该意见可以作为制定部门规章的依据
D. 对该意见不能进行附带性审查

243． 2021 回忆/任

刘某在下班途中发生交通事故死亡,刘某妻子向人社局申请工伤认定,人社局根据国务院《工伤保险条例》认定刘某构成工伤。刘某所在的公司认为不构成工伤事故,提起行政诉讼。对此,下列说法错误的是:③

A. 工伤认定是行政裁决
B. 法院应当参照《工伤保险条例》作出判决
C. 该公司在诉讼中可以要求法院一并审查《工伤保险条例》
D. 本案可以适用撤销判决

① D　② CD　③ ABCD

专题十九 行政案件审理中的特殊制度

考点47 规范性文件的一并审查(抽象行政行为的附带审查)

244. 【2023 回忆/单】

某区交通局依据市交通局制发的《客运经营管理办法》认定张某违法从事客运经营,对其罚款 2000 元。张某诉至法院请求撤销该处罚决定,并审查《客运经营管理办法》的合法性。法院审理认定《客运经营管理办法》与上位法规定不一致,判决撤销了罚款决定。双方当事人均未提出上诉。对此,下列哪一说法是正确的?①

A. 本案的被告是区交通局和市交通局
B. 张某最迟应在法院判决前提出对《客运经营管理办法》的审查申请
C. 法院可直接向市交通局提出修改《客运经营管理办法》的司法建议
D. 法院应在裁判生效后 3 个月内就《客运经营管理办法》存在的问题向上一级法院备案

245. 【2019 回忆/任】

区公安局依据省公安厅和司法厅联合制定的《律师管理意见》对涉嫌寻衅滋事的律师王某罚款 5000 元,王某对处罚不服提起诉讼,一并要求审查《律师管理意见》。下列说法不正确的是:②

A. 法院在对该文件审查过程中,应当听取两个制定机关的意见
B. 两个制定机关申请出庭陈述意见,法院应当准许
C. 一审法院可以向省人大常委会提出修改该文件的司法建议
D. 法院有权宣告该文件无效

考点48 先予执行

246. 【2020 回忆/单】

朱某失业后向区民政局申请最低生活保障金,区民政局认为朱某不符合申请资格予以拒绝,朱某提起行政诉讼。在诉讼过程中,朱某申请先予执行。下列哪一说法是正确的?③

---

① C ② ACD ③ B

A. 朱某申请先予执行应当提供担保

B. 如果法院作出先予执行裁定,区民政局不服可以申请复议

C. 朱某应先申请行政复议后,才能在诉讼中提出先予执行申请

D. 本案应适用确认违法判决

247. （2015/2/85/多）新法改编

丁某以其房屋作抵押向孙某借款,双方到房管局办理手续,提交了房产证原件及载明房屋面积100平方米、借款50万元的房产抵押合同,该局以此出具房屋他项权证。丁某未还款,法院拍卖房屋,但因房屋面积只有70平方米,孙某遂以该局办理手续时未尽核实义务造成其15万元债权无法实现为由,起诉要求认定该局行为违法并赔偿损失。对此案,下列哪些说法是错误的?①

A. 法院可根据孙某申请裁定先予执行

B. 孙某应对房管局的行为造成其损失提供证据

C. 孙某对房屋抵押存在过错的,应当减轻房管局的赔偿责任

D. 孙某的请求不属国家赔偿范围

考点49 被告在审理中改变被诉行政行为

248. （2009/2/99/任）

下列情况属于或可以视为行政诉讼中被告改变被诉具体行政行为的是:②

A. 被诉公安局把拘留三日的处罚决定改为罚款500元

B. 被诉土地局更正被诉处罚决定中不影响决定性质和内容的文字错误

C. 被诉工商局未在法定期限答复原告的请求,在二审期间作出书面答复

D. 县政府针对甲乙两村土地使用权争议作出的处理决定被诉后,甲乙两村达成和解,县政府书面予以认可

考点50 行政机关负责人出庭应诉

249. （2019 回忆/任）

甲省乙市政府发布通知,对直接介绍外地企业到本市投资的单位

---

① AD ② ACD

和个人按照投资项目实际到位资金金额的千分之一进行奖励。经张某引荐,某外地企业到该市投资,但市政府拒绝支付5万元的奖励金。张某提起行政诉讼,法院建议市政府负责人唐某出庭应诉。下列说法正确的是:①

A. 唐某出庭应诉,可以另行委托两名诉讼代理人
B. 若唐某因公不能出庭,可委托律师代其出庭应诉
C. 若唐某不出庭,也不委托代理人出庭,法院可以传唤其出庭
D. 法院应当适用简易程序进行审理

考点51 行政公益诉讼

250. 【2022 回忆/多】

某公司私自占有公共土地,破坏了森林资源,县林草局对该公司作出罚款10万元的决定,并责令其恢复原状。事后,县林草局收缴了该公司的罚款,但没有及时督促该公司恢复原状。县检察院以县林草局没有及时履行要求该公司恢复原状的法定职责向法院起诉。对此,下列哪些说法是正确的?②

A. 县检察院起诉前要先向县林草局发出检察建议
B. 检察院的起诉期限是6个月
C. 县林草局可以代该公司恢复原状
D. 责令恢复原状是行政处罚

251. 【2021 回忆/多】

某森林公安局以某公司违规铲除植被为由,责令其恢复植被,并罚款3万元。该公司缴纳罚款后,森林公安局即办理了结案手续。森林检察院发现这一情况后,向森林公安局发出责令该公司恢复植被的检察建议,森林公安局未予理睬。森林检察院遂向法院提起诉讼。关于本案,下列说法是正确的?③

A. 本案是行政公益诉讼
B. 检察院提出检察建议是公益诉讼的前置程序
C. 只有民间公益诉讼组织不提起诉讼,检察院才能提起诉讼
D. 检察院的起诉期限是3个月

---

① A ② ABC ③ AB

专题二十 行政诉讼的裁判与执行

考点52 行政诉讼第一审判决

252. 2008/2/43/单

某银行以某公司未偿还贷款为由向法院起诉,法院终审判决认定其请求已过诉讼时效,予以驳回。某银行向某县政府发函,要求某县政府落实某公司的还款责任。某县政府复函:"请贵行继续依法主张债权,我们将配合做好有关工作。"尔后,某银行向法院起诉,请求某县政府履行职责。法院经审理认为,某县政府已履行相应职责,某银行的债权不能实现的原因在于其主张债权时已超过诉讼时效。下列哪一选项是错误的?①

A. 本案应由中级法院管辖
B. 因法院的生效判决已对某银行与某公司的民事关系予以确认,某县政府不能重新进行确定
C. 法院应当判决确认某县政府的复函合法
D. 法院应当判决驳回某银行的诉讼请求

253. 2008/2/48/单

某县政府与甲开发公司签订《某地区改造项目协议书》,对某地区旧城改造范围、拆迁补偿费及支付方式和期限等事宜加以约定。乙公司持有经某市政府批准取得的国有土地使用证的第15号地块,位于某地区改造范围。甲开发公司获得改造范围内新建的房屋预售许可证,并向社会公开预售。乙公司认为某县政府以协议形式规划、管理和利用项目改造的行为违法,向法院起诉,法院受理。下列哪一选项是正确的?②

A. 某县政府与甲开发公司签订的《某地区改造项目协议书》属内部协议
B. 某县政府应当依职权先行收回乙公司持有的第15号地块国有土地使用证
C. 因乙公司不是《某地区改造项目协议书》的当事人,法院应驳回起诉
D. 若法院经审理查明,某县政府以协议形式规划、管理和利用项目改造的行为违法,应当判决确认某县政府的行为违法,并责令采取补救措施

---

① C ② D

254. 2013/2/81/多

2012年9月，某计划生育委员会以李某、周某二人于2010年7月违法超生第二胎，作出要求其缴纳社会抚养费12万元，逾期不缴纳每月加收千分之二滞纳金的决定。二人不服，向法院起诉。下列哪些说法是正确的？①

A. 加处的滞纳金数额不得超出12万元
B. 本案为共同诉讼
C. 二人的违法行为发生在2010年7月，到2012年9月已超过《行政处罚法》规定的追究责任的期限，故决定违法
D. 法院不能作出允许少缴或免缴社会抚养费的变更判决

255. 2011/2/82/多 新法改编

余某拟大修房屋，向县规划局提出申请，该局作出不予批准答复。余某向县政府申请复议，在后者作出维持决定后，向法院起诉。县规划局向法院提交县政府批准和保存的余某房屋所在中心村规划布局图的复印件一张，余某提交了其房屋现状的录像，证明其房屋已破旧不堪。下列哪些说法是正确的？②

A. 县规划局提交的该复印件，应加盖县政府的印章
B. 余某提交的录像应注明制作方法和制作时间
C. 如法院认定余某的请求不成立，可以判决驳回余某的诉讼请求
D. 如法院认定余某的请求成立，在对县规划局的行为作出裁判的同时，应对县政府的复议决定作出裁判

256. 2015/2/99/任

某镇政府以一公司所建钢架大棚未取得乡村建设规划许可证为由责令限期拆除。该公司逾期不拆除，镇政府现场向其送达强拆通知书，组织人员拆除了大棚。该公司向法院起诉要求撤销强拆行为。如一审法院审理认为强拆行为违反法定程序，可作出的判决有：③

A. 撤销判决
B. 确认违法判决
C. 履行判决
D. 变更判决

---

① AB（原答案为ABD） ② ABCD（原答案为ABC） ③ B

257. 2007/2/83/多

罗某受到朱某的人身威胁,向公安机关报案,公安机关未采取任何措施。三天后,罗某了解到朱某因涉嫌抢劫被刑事拘留。罗某以公安机关不履行法定职责为由向法院提起行政诉讼,同时提出行政赔偿请求,要求赔偿精神损失。法院经审理认为,公安机关确未履行法定职责。下列哪些选项是正确的?①

A. 因朱某已被刑事拘留,法院应当判决驳回罗某起诉

B. 法院应当判决确认公安机关不履行职责行为违法

C. 法院应当判决公安机关赔偿罗某的精神损失

D. 法院应当判决驳回罗某的行政赔偿请求

258. 2007/2/87/多

秦某租住江某房屋,后伪造江某的身份证和房屋所有权证,将房屋卖给不知情的吴某。房屋登记部门办理过户时未发现材料有假,便向吴某发放了房屋所有权证。江某发现房屋被卖时秦某已去向不明。江某以登记错误为由,提起行政诉讼要求撤销登记。下列哪些选项是正确的?②

A. 法院应判决房屋登记部门撤销颁发给吴某的房屋所有权证

B. 吴某是善意第三人,房屋登记部门不应当撤销给吴某颁发的房屋所有权证

C. 江某应当先申请行政复议,对复议决定不服的,才能向法院起诉

D. 江某提起行政诉讼最长期限是 20 年,自房屋登记机关作出过户登记之日起计算

考点 53 行政诉讼第二审判决

259. 2011/2/50/单

县环保局以一企业逾期未完成限期治理任务为由,决定对其加收超标准排污费并处以罚款 1 万元。该企业认为决定违法诉至法院,提出赔偿请求。一审法院经审理维持县环保局的决定。该企业提出上诉。下列哪一说法是正确的?③

A. 加收超标准排污费和罚款均为行政处罚

---

① BD ② AD ③ C

B. 一审法院开庭审理时,如该企业未经法庭许可中途退庭,法院应予训诫

C. 二审法院认为需要改变一审判决的,应同时对县环保局的决定作出判决

D. 一审法院如遗漏了该企业的赔偿请求,二审法院应裁定撤销一审判决,发回重审

260. 2009/2/48/多

某区公安分局以蔡某殴打孙某为由对蔡某拘留十日并处罚款500元。蔡某向法院起诉,要求撤销处罚决定和赔偿损失。一审法院经审理认定处罚决定违法。下列哪些选项是正确的?①

A. 蔡某所在地的法院对本案无管辖权

B. 一审法院应判决撤销拘留决定,返还罚款500元、按照国家上年度职工日平均工资赔偿拘留十日的损失和一定的精神抚慰金

C. 如一审法院的判决遗漏了蔡某的赔偿请求,二审法院应当裁定撤销一审判决,发回重审

D. 如蔡某在二审期间提出赔偿请求,二审法院可以进行调解,调解不成的,应告知蔡某另行起诉

261. 2017/2/100/任

县政府以某化工厂不符合国家产业政策、污染严重为由,决定强制关闭该厂。该厂向法院起诉要求撤销该决定,并提出赔偿请求。一审法院认定县政府决定违法,予以撤销,但未对赔偿请求作出裁判,县政府提出上诉。下列说法正确的是:②

A. 本案第一审应由县法院管辖

B. 二审法院不得以不开庭方式审理该上诉案件

C. 二审法院应对一审法院的判决和被诉行政行为进行全面审查

D. 如二审法院经审查认为依法不应给予该厂赔偿的,应判决驳回其赔偿请求

262. 2007/2/93/任

某公司提起行政诉讼,要求撤销区教育局作出的《关于不同意申

---

① AD(原答案为D)。原为单选题,根据新法答案有变化,调整为多选题 ② CD

办花蕾幼儿园的批复》,并要求法院判令该局在20日内向花蕾幼儿园颁发独立的《办学许可证》。一审法院经审理后作出确认区教育局批复违法的判决,但未就颁发《办学许可证》的诉讼请求作出判决。该公司不服一审判决,提起上诉。下列说法正确的是:①

A. 二审法院应当裁定撤销一审判决
B. 二审法院应当维持一审判决
C. 二审法院可以裁定发回一审法院重审
D. 二审法院应当裁定发回一审法院重审,一审法院应当另行组成合议庭进行审理

考点54 行政诉讼的执行

263． 2010/2/87/单

某公司向区教委申请《办学许可证》,遭拒后向法院提起诉讼,法院判决区教委在判决生效后30日内对该公司申请进行重新处理。判决生效后,区教委逾期拒不履行,某公司申请强制执行。关于法院可采取的执行措施,下列哪一项是正确的?②

A. 对区教委按日处100元的罚款
B. 对区教委的主要负责人处以罚款
C. 经法院院长批准,对区教委直接责任人予以司法拘留
D. 责令由市教委对该公司的申请予以处理

专题二十一　国家赔偿概述

考点55 国家赔偿概述

264． 2018 回忆/任

李某因为走私被甲区公安分局抓获,甲区公安分局对李某拘留5日。李某不服提起复议,甲区政府作出拘留15日的决定。在拘留期间,李某被牢头向某殴打,拘留所看管人员不予制止,致使李某被打成轻微伤。李某决定申请国家赔偿。对此,下列说法不正确的是:③

---

① AD　② B(原答案为BC)。原为多选题,根据新法答案有变化,调整为单选题　③ AB-CD

A. 如李某对拘留 15 日提起行政诉讼,甲区公安分局与甲区政府都是被告
B. 如李某对拘留 15 日提起行政赔偿诉讼,甲区公安分局与甲区政府承担连带赔偿责任
C. 李某在拘留所中被向某殴打,属于民事侵权行为,拘留所不承担国家赔偿责任
D. 李某在被拘留期间被殴打,应当由赔偿义务机关证明其行为与损害结果之间是否存在因果关系

专题二十二 行政赔偿

考点56 行政赔偿义务机关及赔偿程序

265．(2022 回忆/多)

某县政府组织工作人员对岳某的房屋强制拆除,岳某认为工作人员事先未通知其转移物品,导致屋内物品毁损,请求法院确认县政府行为违法,法院判决确认强制拆除行为违法。后岳某向县政府请求赔偿,县政府一直未予回复,岳某遂向法院提起行政赔偿诉讼,请求赔偿房屋、屋内损失,并要求县政府追究相关人员的违法责任。下列哪些说法是正确的?①

A. 若因强制拆除行为导致岳某对财产损失无法举证,应由县政府承担举证责任
B. 县政府追究相关人员的违法责任不属于法院审查范围
C. 岳某提出行政赔偿诉讼的起诉期限为 6 个月
D. 本案应当由中级人民法院管辖

266．(2013/2/84/多)

某区规划局以一公司未经批准擅自搭建地面工棚为由,限期自行拆除。该公司逾期未拆除。根据规划局的请求,区政府组织人员将违法建筑拆除,并将拆下的钢板作为建筑垃圾运走。如该公司申请国家赔偿,下列哪些说法是正确的?②

A. 可以向区规划局提出赔偿请求
B. 区政府为赔偿义务机关

---

① ABD ② BD

C. 申请国家赔偿之前应先申请确认运走钢板的行为违法

D. 应当对自己的主张提供证据

267． 2010/2/88/多 新法改编

关于行政赔偿诉讼,下列哪些选项是正确的?①

A. 两个以上行政机关分别实施违法行政行为造成同一损害,每个行政机关的行为都足以造成全部损害的,根据过错各自承担相应责任

B. 原告在二审程序中提出行政赔偿请求的,人民法院可以组织各方调解,调解不成的,告知其另行起诉

C. 如复议决定加重损害,赔偿请求人只对复议机关提出行政赔偿诉讼的,复议机关为被告

D. 提起行政诉讼时一并提出行政赔偿请求的,可以在提起诉讼后至法院一审判决前提出,人民法院应予受理

268． 2007/2/89/多

李某租用一商店经营服装。某区公安分局公安人员驾驶警车追捕时,为躲闪其他车辆,不慎将李某服装厅的橱窗玻璃及模特衣物撞坏。事后,公安分局与李某协商赔偿不成,李某请求国家赔偿。下列哪些选项是错误的?②

A. 公安分局应作为赔偿义务机关,因为李某曾与其协商赔偿

B. 公安分局不应作为赔偿义务机关,因该公安人员的行为属于与行使职权无关的个人行为

C. 公安分局不应作为赔偿义务机关,因为该公安人员的行为不是违法行使职权,应按行政补偿解决

D. 公安分局应作为赔偿义务机关,因为该公安人员的行为属于与行使职权有关的行为

专题二十三　司法赔偿

考点57　司法赔偿义务机关

269． 2023 回忆/多

程某殴打罗某,鉴定机关鉴定罗某构成二级轻伤。2021 年 11 月

---

① BC　② ABD

12日,县公安局以程某构成故意伤害罪为由决定立案侦查,11月30日将程某刑事拘留,后县检察院作出逮捕决定。2022年5月3日,鉴定机关经过重新鉴定,罗某构成轻微伤。县公安局决定撤销案件,程某同日被释放。程某遂申请国家赔偿。对此,下列哪些说法是不正确的?①

A. 赔偿义务机关是县检察院

B. 鉴定机关鉴定错误,应当承担赔偿责任

C. 赔偿期间是2021年11月12日到2022年5月3日

D. 赔偿义务机关如拒绝赔偿,程某可直接向法院赔偿委员会申请作出赔偿决定

270. 2012/2/83/多

区公安分局以涉嫌故意伤害罪为由将方某刑事拘留,区检察院批准对方某的逮捕。区法院判处方某有期徒刑3年,方某上诉。市中级法院以事实不清为由发回区法院重审。区法院重审后,判决方某无罪。判决生效后,方某请求国家赔偿。下列哪些说法是错误的?②

A. 区检察院和区法院为共同赔偿义务机关

B. 区公安分局为赔偿义务机关

C. 方某应当先向区法院提出赔偿请求

D. 如区检察院在审查起诉阶段决定撤销案件,方某请求国家赔偿的,区检察院为赔偿义务机关

271. 2008/2/40/单 新法改编

甲市乙区公安分局以孙某涉嫌诈骗罪为由将其刑事拘留,并经乙区检察院批准逮捕。后因案情特殊由丙区检察院提起公诉。2006年,丙区法院判处孙某有期徒刑3年,孙某不服上诉,甲市中级法院裁定发回丙区法院重新审理。重审期间,丙区检察院经准许撤回起诉,并最终作出不起诉决定。孙某申请国家赔偿。关于赔偿义务机关,下列哪一选项是正确的?③

A. 乙区公安分局、乙区检察院和丙区法院

B. 丙区检察院和丙区法院

C. 乙区检察院和丙区法院

D. 丙区法院

① BCD ② AB ③ D

刷题表	时 间	题号	一刷	二刷	题号	一刷	二刷	题号	一刷	二刷	题号	一刷	二刷

考点 58 司法赔偿范围

272. 2021 回忆/任

赵某因涉嫌犯罪被立案侦查,后经县检察院批准逮捕,县法院一审认定赵某犯甲罪,判处有期徒刑 1 年,缓刑 2 年;犯乙罪,判处有期徒刑 2 年,缓刑 2 年;合并执行 2 年,缓刑 2 年半。判决当日赵某被释放。后赵某上诉,市中级法院判决维持原判。赵某申请省高院再审。省高院判决撤销甲罪,对乙罪判处有期徒刑 2 年,缓刑 2 年。关于本案,下列说法正确的是:①

A. 如果赔偿赵某的话,赔偿义务机关是市中级法院
B. 对于赵某所犯甲罪,国家应予赔偿
C. 对于赵某所犯乙罪,国家不予赔偿
D. 赵某雇请律师的费用不属于赔偿范围

273. 2010/2/50/多

2009 年 2 月 10 日,王某因涉嫌诈骗被县公安局刑事拘留,2 月 24 日,县检察院批准逮捕王某。4 月 10 日,县法院以诈骗罪判处王某 3 年有期徒刑,缓期 2 年执行。5 月 10 日,县公安局根据县法院变更强制措施的决定,对王某采取取保候审措施。王某上诉,6 月 1 日,市中级法院维持原判。王某申诉,12 月 10 日,市中级法院再审认定王某行为不构成诈骗,撤销原判。对此,下列哪些说法是不正确的?②

A. 因王某被判无罪,国家应当对王某在 2009 年 2 月 10 日至 12 月 10 日期间的损失承担赔偿责任
B. 因王某被判处有期徒刑缓期执行,国家不承担赔偿责任
C. 因王某被判无罪,国家应当对王某在 2009 年 6 月 1 日至 12 月 10 日期间的损失承担赔偿责任
D. 因王某被判无罪,国家应当对王某在 2009 年 2 月 10 日至 5 月 10 日期间的损失承担赔偿责任

274. 2009/2/89/多

2006 年 12 月 5 日,王某因涉嫌盗窃被某县公安局刑事拘留,同月 11 日被县检察院批准逮捕。2008 年 3 月 4 日王某被一审法院判处有期徒刑二年,王某不服提出上诉。2008 年 6 月 5 日,二审法院维持原判,判决交付

---

① CD ② ABCD(原答案为 D)。原为单选题,根据新法答案有变化,调整为多选题

执行。2009年3月2日,法院经再审以王某犯罪时不满16周岁为由撤销生效判决,改判其无罪并当庭释放。王某申请国家赔偿,下列哪些选项是错误的?①

A. 国家应当对王某从2008年6月5日到2009年3月2日被羁押的损失承担赔偿责任

B. 国家应当对王某从2006年12月11日到2008年3月4日被羁押的损失承担赔偿责任

C. 国家应当对王某从2006年12月5日到2008年3月4日被羁押的损失承担赔偿责任

D. 国家应当对王某从2008年3月4日到2009年3月2日被羁押的损失承担赔偿责任

考点 59 司法赔偿程序

275. (2018回忆/多)

徐某涉嫌贪污罪被区检察院逮捕,区法院经审理认为徐某构成职务侵占,但由于其违法情形不严重,故决定免予追究刑事责任。徐某未上诉,后一审判决生效。之后,市中级人民法院通过再审宣告徐某无罪。徐某申请国家赔偿,法院赔偿委员会认为之前判决为免予追究其刑事责任,不应当予以赔偿。下列哪些选项是正确的?②

A. 徐某可以向区检察院的上一级检察院申请复议

B. 徐某可以向市中级法院赔偿委员会申请赔偿

C. 不予赔偿的理由不符合法律规定

D. 赔偿义务机关为区检察院和区法院

276. (2014/2/50/单)

甲市乙县法院强制执行生效民事判决时执行了案外人李某的财产且无法执行回转。李某向乙县法院申请国家赔偿,遭到拒绝后申请甲市中级法院赔偿委员会作出赔偿决定。赔偿委员会适用质证程序审理。下列哪一说法是正确的?③

A. 乙县法院申请不公开质证,赔偿委员会应当予以准许

B. 李某对乙县法院主张的不利于自己的事实,既未表示承认也未否认

---

① BCD ② BC ③ C

的,即视为对该项事实的承认

C. 赔偿委员会根据李某的申请调取的证据,作为李某提供的证据进行质证

D. 赔偿委员会应当对质证活动进行全程同步录音录像

277. 2014/2/100/任

某县公安局以沈某涉嫌销售伪劣商品罪为由将其刑事拘留,并经县检察院批准逮捕。后检察院决定不起诉。沈某申请国家赔偿,赔偿义务机关拒绝。下列说法正确的是:①

A. 县公安局为赔偿义务机关

B. 赔偿义务机关拒绝赔偿,应当书面通知沈某

C. 国家应当给予沈某赔偿

D. 对拒绝赔偿,沈某可以向县检察院的上一级检察院申请复议

278. 2012/2/50/单

县公安局以李某涉嫌盗窃为由将其刑事拘留,并经县检察院批准逮捕。县法院判处李某有期徒刑 5 年。李某上诉,市中级法院改判李某无罪。李某向赔偿义务机关申请国家赔偿。下列哪一说法是正确的?②

A. 县检察院为赔偿义务机关

B. 李某申请国家赔偿前应先申请确认刑事拘留和逮捕行为违法

C. 李某请求国家赔偿的时效自羁押行为被确认为违法之日起计算

D. 赔偿义务机关可以与李某就赔偿方式进行协商

279. 2011/2/45/单

李某被县公安局以涉嫌盗窃为由刑事拘留,后被释放。李某向县公安局申请国家赔偿,遭到拒绝,经复议后,向市中级法院赔偿委员会申请作出赔偿决定。下列哪一说法是正确的?③

A. 李某应向赔偿委员会递交赔偿申请书一式四份

B. 县公安局可以委托律师作为代理人

C. 县公安局应对李某的损失与刑事拘留行为之间是否存在因果关系提供证据

D. 李某不服中级法院赔偿委员会作出的赔偿决定的,可以向上一级法院

---

① BCD ② D ③ A

刷题表	时　间	题号	一刷	二刷	题号	一刷	二刷	题号	一刷	二刷	题号	一刷	二刷

赔偿委员会申请复议一次

280． 2013/2/99/任

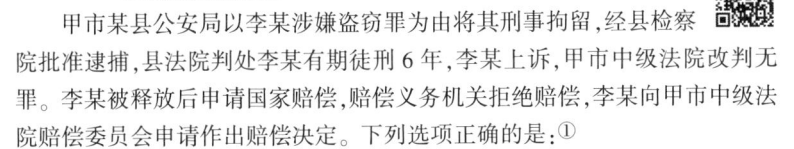

甲市某县公安局以李某涉嫌盗窃罪为由将其刑事拘留,经县检察院批准逮捕,县法院判处李某有期徒刑6年,李某上诉,甲市中级法院改判无罪。李某被释放后申请国家赔偿,赔偿义务机关拒绝赔偿,李某向甲市中级法院赔偿委员会申请作出赔偿决定。下列选项正确的是:①

A. 赔偿义务机关拒绝赔偿的,应书面通知李某并说明不予赔偿的理由
B. 李某向甲市中级法院赔偿委员会申请作出赔偿决定前,应当先向甲市检察院申请复议
C. 对李某申请赔偿案件,甲市中级法院赔偿委员会可指定一名审判员审理和作出决定
D. 如甲市中级法院赔偿委员会作出赔偿决定,赔偿义务机关认为确有错误的,可以向该省高级法院赔偿委员会提出申诉

281． 2015/2/100/任

某县公安局以涉嫌诈骗为由将张某刑事拘留,并经县检察院批准逮捕,后县公安局以证据不足为由撤销案件,张某遂申请国家赔偿。下列说法正确的是:②

A. 赔偿义务机关为县公安局和县检察院
B. 张某的赔偿请求不属国家赔偿范围
C. 张某当面递交赔偿申请书,赔偿义务机关应当场出具加盖本机关专用印章并注明收讫日期的书面凭证
D. 如赔偿义务机关拒绝赔偿,张某可向法院提起赔偿诉讼

282． 2017/2/50/单

某市公安局以朱某涉嫌盗窃罪于2013年7月25日将其刑事拘留,经市检察院批准逮捕。2015年9月11日,市中级法院判决朱某无罪,朱某被释放。2016年3月15日,朱某以无罪被羁押为由申请国家赔偿,要求支付侵犯人身自由的赔偿金,赔礼道歉,赔偿精神损害抚慰金200万元。下列哪一说法是正确的?③

A. 市检察院为赔偿义务机关

---

① AD　② C　③ A

B. 朱某不能以口头方式提出赔偿申请

C. 限制人身自由的时间是计算精神抚慰金的唯一标准

D. 侵犯朱某人身自由的每日赔偿金应按照2014年度职工日平均工资计算

考点60 民事、行政司法赔偿

283． 2008/2/88/单

甲公司向某区法院起诉要求乙公司返还货款15万元,并请求依法保全乙公司价值10万元的汽车。在甲公司提供担保后,法院准予采取保全措施。二审法院最终维持某区法院要求乙公司返还货款10万元的判决。甲公司在申请强制执行时,发现诉讼期间某区法院在乙公司没有提供担保的情况下已解除保全措施,乙公司已变卖汽车、转移货款,致判决无法执行。甲公司要求某区法院赔偿损失。下列哪一项说法是正确的?①

A. 《国家赔偿法》未明确规定法院在民事诉讼过程中违法解除保全措施应承担赔偿责任,故甲公司的请求不成立

B. 违法采取保全措施应包括依法不应当解除而解除保全措施

C. 就某区法院的措施是否属国家赔偿范围问题,受理赔偿诉讼的法院可以进行调解

D. 甲公司应当先申请确认某区法院解除保全措施的行为违法

284． 2013/2/49/单

某法院以杜某逾期未履行偿债判决为由,先将其房屋查封,后裁定将房屋过户以抵债。杜某认为强制执行超过申请数额而申请国家赔偿,要求赔偿房屋过户损失30万元,查封造成屋内财产毁损和丢失5000元,误工损失2000元,以及精神损失费1万元。下列哪一事项属于国家赔偿范围?②

A. 2000元 B. 5000元

C. 1万元 D. 30万元

285． 2017/2/85/多

关于民事、行政诉讼中的司法赔偿,下列哪些说法是正确的?③

A. 对同一妨害诉讼的行为重复采取罚款措施的,属于违法采取对妨害诉

---

① B(原答案为BD)。原为多选题,根据新法答案有变化,调整为单选题　② B　③ ABD

· 94 ·

讼的强制措施

B. 执行未生效法律文书的,属于对判决、裁定及其他生效法律文书执行错误

C. 受害人对损害结果的发生或者扩大也有过错的,国家不承担赔偿责任

D. 因正当防卫造成损害后果的,国家不承担赔偿责任

专题二十四 国家赔偿方式、标准和费用

考点61 国家赔偿方式与标准

286. （2021 回忆/多）

某县公安局以涉嫌故意伤害罪为由对朱某刑事拘留,县检察院批准逮捕。县检察院对朱某提起公诉,后以证据不足为由撤诉。朱某被释放后申请国家赔偿。关于本案,下列哪些说法是正确的?①

A. 给予朱某的精神损害抚慰金不得低于侵犯人身自由赔偿金的两倍

B. 赔偿义务机关不可就赔偿项目与朱某进行协商

C. 对赔偿决定不服,朱某可以向赔偿义务机关的上一级机关申请复议

D. 赔偿义务机关应为县检察院

287. （2019 回忆/任）

县国土资源局认定某建筑材料公司存在非法采砂行为,责令其停产停业。建筑材料公司不服,提起行政诉讼。法院认为县国土资源局认定错误,对其决定予以撤销。县国土资源局应当予以赔偿的项目包括:②

A. 设备租金

B. 留守职工工资

C. 预期利润

D. 缴纳的水资源费

288. （2012/2/100/任）

廖某在监狱服刑,因监狱管理人员放纵被同室服刑人员殴打,致一条腿伤残。廖某经6个月治疗,部分丧失劳动能力,申请国家赔偿。下列属于国家赔偿范围的有:③

---

① CD ② ABD ③ ABC

A. 医疗费

B. 残疾生活辅助具费

C. 残疾赔偿金

D. 廖某扶养的无劳动能力人的生活费

289． 2008/2/99/任

张某租用农贸市场一门面从事经营。因赵某提出该门面属于他而引起争议，工商局扣缴张某的营业执照，致使张某停业2个月之久。张某在工商局返还营业执照后，提出赔偿请求。下列属于国家赔偿范围的是：①

A. 门面租赁费

B. 食品过期不能出售造成的损失

C. 张某无法经营的经济损失

D. 停业期间张某依法缴纳的税费

290． 2016/2/50/单

某县公安局于2012年5月25日以方某涉嫌合同诈骗罪将其刑事拘留，同年6月26日取保候审，8月11日检察院决定批准逮捕方某。2013年5月11日，法院以指控依据不足为由判决方某无罪，方某被释放。2014年3月2日方某申请国家赔偿。下列哪一说法是正确的？②

A. 县公安局为赔偿义务机关

B. 赔偿义务机关可就赔偿方式和数额与方某协商，但不得就赔偿项目进行协商

C. 方某2012年6月26日至8月11日取保候审，不属于国家赔偿范围

D. 对方某的赔偿金标准应按照2012年度国家职工日平均工资计算

291． 2011/2/83/多

2006年9月7日，县法院以销售伪劣产品罪判处杨某有期徒刑8年，并处罚金45万元，没收其推土机一台。杨某不服上诉，12月6日，市中级法院维持原判交付执行。杨某仍不服，向省高级法院提出申诉。2010年9月9日，省高级法院宣告杨某无罪释放。2011年4月，杨某申请国家赔偿。关于本案的赔偿范围和标准，下列哪些说法是正确的？③

A. 对杨某被羁押，每日赔偿金按国家上年度职工日平均工资计算

---

① AD ② C ③ AB

B. 返还45万罚金并支付银行同期存款利息

C. 如被没收推土机已被拍卖的,应给付拍卖所得的价款及相应的赔偿金

D. 本案不存在支付精神损害抚慰金的问题

292. 2009/2/49/单

2001年5月李某被某县公安局刑事拘留,后某县检察院以证据不足退回该局补充侦查,2002年11月李某被取保候审。2004年,县公安局撤销案件。次年3月,李某提出国家赔偿申请。县公安局于2005年12月作出给予李某赔偿的决定书。李某以赔偿数额过低为由,于2006年先后向市公安局和市法院赔偿委员会提出复议和申请,二者均作出维持决定。对李某被限制人身自由的赔偿金,应按照下列哪个年度的国家职工日平均工资计算?[1]

A. 2002年度　　　　　　B. 2003年度

C. 2004年度　　　　　　D. 2005年度

---

[1] C

图书在版编目（CIP）数据

2024国家统一法律职业资格考试攻略．必刷题．3，行政法／拓朴法考编著．—北京：中国法制出版社，2024.4

ISBN 978-7-5216-4158-5

Ⅰ．①2… Ⅱ．①拓… Ⅲ．①行政法-中国-资格考试-习题集 Ⅳ．①D920.4

中国国家版本馆CIP数据核字（2024）第032430号

责任编辑：李连宇　　　　　　　　　　　　封面设计：拓　朴

2024国家统一法律职业资格考试攻略．必刷题．3，行政法
2024 GUOJIA TONGYI FALÜ ZHIYE ZIGE KAOSHI GONGLÜE．BISHUATI．3，XINGZHENGFA
编著／拓朴法考
经销／新华书店
印刷／三河市华润印刷有限公司
开本／787毫米×1092毫米　32开　　　　　印张／3.25　字数／100千
版次／2024年4月第1版　　　　　　　　　2024年4月第1次印刷

中国法制出版社出版
书号 ISBN 978-7-5216-4158-5　　　　　　　总定价：118.00元（全八册）

北京市西城区西便门西里甲16号西便门办公区
邮政编码：100053　　　　　　　　　　　　传真：010-63141600
网址：http://www.zgfzs.com　　　　　　编辑部电话：010-63141811
市场营销部电话：010-63141612　　　　　　印务部电话：010-63141606

（如有印装质量问题，请与本社印务部联系。）
本书二维码内容由拓朴法考提供，用于服务广大考生，有效期截至2024年12月31日。